新型农村社区
建设与管理研究

韩 芳 ◎ 编著

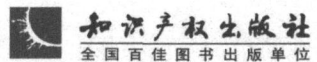

图书在版编目（CIP）数据

新型农村社区建设与管理研究/韩芳编著．—北京：知识产权出版社，2017.1（2024.9重印）
ISBN 978-7-5130-4649-7

Ⅰ.①新… Ⅱ.①韩… Ⅲ.①农村社区—社区建设—研究—中国 Ⅳ.①D669.3

中国版本图书馆 CIP 数据核字（2016）第 311891 号

内容提要

新型农村社区的建设与管理是当前我国农村社会治理面临的一个重要课题，有很多问题需要深入研究和探讨。本书在广泛吸收最新研究成果的基础上，紧密联系中国实际做了一定的总结和探索。力求通过理论分析和实例阐述，为新型农村社区建设提供参考，以利于相关部门人员在实际工作中既有理论依据又有实例参考，提高新型农村社区建设能力和管理水平，从而为新型农村社区发展做出更大贡献。全书结构合理，内容丰富，希望能够成为新型农村社区建设和管理的实用帮手和指南。

责任编辑：蔡 虹　　　　　　　　　责任出版：孙婷婷
封面设计：邵建文

新型农村社区建设与管理研究
韩 芳 编著

出版发行：知识产权出版社有限责任公司		网　　址：http://www.ipph.cn	
社　　址：北京市海淀区西外太平庄55号		邮　　编：100081	
责编电话：010-82000860 转 8324		责编邮箱：caihong@cnipr.com	
发行电话：010-82000860 转 8101/8102		发行传真：010-82000893/82005070/82000270	
印　　刷：北京建宏印刷有限公司		经　　销：各大网上书店、新华书店及相关专业书店	
开　　本：787mm×1092mm 1/16		印　　张：14	
版　　次：2017年1月第1版		印　　次：2024年9月第2次印刷	
字　　数：250千字		定　　价：45.00元	
ISBN 978-7-5130-4649-7			

出版权专有　侵权必究
如有印装质量问题，本社负责调换。

前　言

　　新型农村社区，就是指打破原有的村庄界限，把两个或两个以上的自然村或行政村，经过统一规划，按照统一要求，在一定的期限内搬迁合并，统一建设新的居民住房和服务设施，统一规划和调整产业布局，组建成新的农民生产生活共同体（也称为"中心村"），形成农村新的居住模式、服务管理模式和产业格局。

　　新型农村社区建设与管理，既不能等同于旧村庄翻新，也不是简单的人口聚居，而是通过新型社区建设和发展，改变农民生活和生产方式，提升农民生活质量，集约利用用地，调整优化产业结构，发展农村第二、第三产业，推进农业现代化，促进农民就地就近转移就业，缩小城乡差距，让农民享受到跟城里人一样的公共服务，达到城里人的生活质量，共享经济发展、社会进步所带来的物质文明和精神文明成果。

　　以新型农村社区建设和管理为着眼点，全面推进统筹城乡协调发展，是农村经济社会发展模式的重大创新，也是探索新型城镇化道路的重要突破口。要使这种创新和突破扎实稳健推进，需要大力研究和破解发展中遇到的实际问题。

　　新型农村社区的建设与管理是当前我国农村社会治理面临的一个重要课题，有很多问题需要深入研究和探讨。本书在这方面做了一定的总结和探索，力求通过理论分析和实例阐述，为新型农村社区建设提供参考，以利于相关部门人员在实际工作中既有理论依据又有实例参考，提高建设能力和管理水平，从而为新型农村社区发展做出更大贡献。

　　希望本书成为新型农村社区建设和管理的实用帮手和指南。

编　者

2016.6

CONTENTS

目　录

第一章　什么是新型农村社区 … 1
第一节　新型农村社区的界定及发展演变 … 1
第二节　新型农村社区的特征及模式 … 10
第三节　新型农村社区的功能定位 … 12

第二章　新型农村社区建设 … 15
第一节　新型农村社区建设的提出 … 15
第二节　新型农村社区建设的指导思想 … 22
第三节　新型农村社区建设的目标任务 … 24
第四节　新型农村社区建设的基本原则 … 27
第五节　新型农村社区建设中需要注意的问题 … 30
第六节　新型农村社区建设的国际经验及启示 … 34

第三章　新型农村社区管理 … 38
第一节　从村民自治到新型农村社区建设 … 38
第二节　加强新型农村社区基层组织建设 … 39
第三节　完善新型农村社区社会保障体系 … 46
第四节　推进新型农村社区社会管理创新 … 49

第四章　新型农村社区规划 … 52
第一节　新型农村社区规划的由来 … 52
第二节　新型农村社区规划中存在的问题 … 54
第三节　如何做好新型农村社区规划 … 55

第五章　新型农村社区经济发展 ·· 59
第一节　加强新型农村社区农业基础设施建设 ························ 59
第二节　加快新型农村社区农业科技创新与推广 ······················ 69
第三节　促进新型农村社区农业产业化经营 ···························· 78
第四节　发展新型农村社区劳动密集型产业 ···························· 83
第五节　推进新型农村社区经济组织发展与创新 ······················ 91

第六章　新型农村社区土地经营管理 ·· 103
第一节　新型农村社区建设中的土地权益问题 ························ 104
第二节　新型农村社区建设用地的规划管理 ···························· 107
第三节　新型农村社区集体建设用地使用权流转机制创新 ········ 113

第七章　新型农村社区服务体系建设与管理 ······························ 121
第一节　新型农村社区服务体系面临的困境及对策 ·················· 122
第二节　新型农村社区医疗卫生体系建设 ······························ 127
第三节　新型农村社区教育建设 ·· 130
第四节　新型农村社区市场服务 ·· 139
第五节　新型农村社区志愿服务 ·· 144

第八章　新型农村社区文化建设与管理 ····································· 147
第一节　新型农村社区文化的内涵与功能 ······························ 147
第二节　新型农村社区文化建设存在的问题及影响因素 ············ 149
第三节　新型农村社区文化建设的途径与方法 ························ 154

第九章　新型农村社区生态环境建设与管理 ······························ 157
第一节　推进新型农村社区生态环境建设的重大意义 ··············· 157
第二节　加强农村社区生态环境建设的原则与目标 ·················· 159
第三节　农村生态环境面临的问题 ··· 161
第四节　农村生态环境建设的基本对策 ··································· 166

第十章　新型农村社区组织建设与管理 ····································· 170
第一节　新型农村社区组织的类型与功能 ······························ 170

第二节　构建新型农村社区社会服务组织体系 …………… 173
　　第三节　新型农村社区组织建设 ………………………………… 175
第十一章　新型农村社区社会保障体系建设 ………………… 181
　　第一节　新型农村社区发展与社会保障的关系 ……………… 181
　　第二节　新型农村社区保障的类型及特点 …………………… 184
　　第三节　新型农村社区保障存在的问题及解决思路 ………… 187
参考文献 ………………………………………………………… 195
附录1　国家新型农村社区建设的典型案例 …………………… 196
附录2　北京市人民政府关于开展新型农村社区试点建设的意见 …… 204
附录3　传统村落保护发展规划编制基本要求（试行） ……… 210

第一章 什么是新型农村社区

新型农村社区是农村发展的必然趋势，其建设和管理有别于新农村建设，具有独特的含义和特征。新型农村社区建设关系到新时期我国"三农"问题的解决，是当前农村工作的重中之重。了解什么是新型农村社区及其历史发展演变过程是深入探讨新型农村社区发展的基础和前提。

第一节 新型农村社区的界定及发展演变

新型农村社区是对传统农村社区的居住条件、生活习惯及生产方式的历史性转型。它并不是简单的对传统农村社区的否定和摒弃，而是在原有基础上，发展更有利于农村进步、农业现代化和农民发展的新的建设和管理模式。

一、什么是社区

"社区"一词是社会学中最具深远意义的基本概念，最早是由德国社会学家滕尼斯于1887年出版的成名作《共同体与社会》中提出的。在滕尼斯看来，社区是指那些有相同价值取向、人口同质性较强的社会共同体，体现了一种亲密无间、守望相助、服从权威而且具有共同信仰和共同风俗习惯的人际关系；这种共同体关系是由传统的血缘、地缘和文化等自然造成的，而非社会分工的结果；这种共同体的外延主要限于传统的乡村社区。滕尼斯提出"社区"这一概念主要是与城市社会做较从而探讨人类历史变迁的总体趋势。长期以来，社会学界对社区的内涵和外延一直争论不休。

美国社会学家 R·帕克认为社区有三个基本特点：一是按区域组织起来的人口；二是这些人口与之赖以生息的土地联系密切；三是社区中人与人之间相互依赖和互动。而乔治·希勒里在综合了不同定义的基础上认为"社区是指包含着那些具有一个或更多共同性要素以及在同一区域保持社会接触的人群"。❶也有学者认为："所谓社区，是指有一定数量居民组成的、具有内在互动关系与文化为吸力的地域性的生活共同体；地域、人口、组织结构和文化是社区构成的基本要素。"❷

二、什么是农村社区

从不同的角度，我们可以将社区划分为不同的类型。如果从地域角度来划分，社区可分为农村社区、集镇社区和城市社区三大类型。农村社区是人类历史上古老而重要的生活共同体，滕尼斯提出的共同体的外延主要是指传统的乡村社区。

农村社区作为农村居民生产生活的地域空间，从社区构成要素看，具有四个基本特征。

（一）地域特征

农村社区具有地域范围较小、地理位置与城镇相比较偏远、交通不便利等特点。土地是社区居民赖以生存的基本资源，所以社区具有明显的物理边界和地域环境，包括面积、位置、气候条件等地理环境，建筑、道路、交通、市场等人工环境和生活服务设施。

（二）人口特征

社区是以一定社会关系为基础组织起来进行共同生活的人群，人口是社区的重要因素。人口对社区的影响主要通过人口数量、人口结构、人口素质、人口流动和迁移发生作用。农村社区人口数量和密度相对于城市而言少而分散，同质性高，人际关系亲密，重感情民风朴实，人口流动性较差，是"熟人社会"。

---

❶ 乔治·希勒里. 社区的定义：一致的地方 [J]. 乡村社会学, 1955 (6).
❷ 徐永祥. 社区发展论 [M]. 上海：华东理工大学出版社, 2000.

（三）组织特征

任何一个社区必然存在相应的社区管理体系，主要包括社区管理所依据的社区规范（如习俗、道德、制度等）、管理机构和管理手段等内容。在农村，家庭是社区的基本单位，社会组织结构简单且组织程度低，呈现"差序格局"和"礼制秩序"。

（四）文化特征

农村社区重传统文化和日常经验，社区归属感强。社区成员在长期的共同生活、共同劳动和人际交往中形成了特定的价值观、人生观、道德信念和体现在习俗、习惯、信仰中的文化传统，在此基础上产生了共同的结合感、归属感。农村社区成员在感情上和心理上形成了对社区的地方观念和乡土观念，使之产生特有的社区意识。

农村社区是人类活动的产物，是随着生产力发展和社会进步不断演变的动态区域社会。在漫长的历史长河中，我国农村社区先后经历了原始人群流动社区、原始氏族农村社区、传统农村社区、现代农村社区几个阶段的发展变化。

在说到农村的时候，人们还常常用到村落、村庄、村寨等词。这些词的含义基本相同，指的是农民具体聚居的地方，只不过不同地域的人习惯称谓不同而已。南方人习惯称农村聚居地为村落，北方人习惯称村庄，山区人习惯称村寨。村落这一村民长期聚居、繁衍的空间单元形式差异很大，既有数千人的大型村落，也有几十人的小型村落。

根据不同的划分标准，可以把农村社区划分为不同类型，如根据社区的经济结构可划分为农业村、林业村、牧村、渔村、旅游村等；根据行政关系可分为自然村和行政村等。

三、什么是新型农村社区

对于"新型农村社区"，人们有不同的解释。有的说，新型农村社区就是"小村并大村"，有的说就是"平房换楼房"，也有的说就是"由分散住到集中住"，等等。这些说法只看到了表面现象，还没有说到问题的实质。新型农村社区建设既不能等同于村庄翻新，也不是简单的人口聚居，而是要加快缩小城乡差距，在农村营造一种新的社会生活形态，让农民享受到跟城里人一样的公共服务，过上像城里人那样的生活。

它由节约土地、提高土地生产效率、实现集约化经营为主导，以农民自愿为原则，以提高农民生活水平为目标，让农民主动到社区购房建房，交出旧宅用于复耕。实现社区化之后，农民既不远离土地，又能集中享受城市化的生活环境。

（一）新型农村社区的界定

从全国各地的实践来看，所谓新型农村社区，就是指打破原有的村庄界限，把两个或两个以上的自然村或行政村，经过统一规划，按照统一要求，在一定的期限内搬迁合并，统一建设新的居民住房和服务设施，统一规划和调整产业布局，组建成新的农民生产生活共同体（也称为"中心村"），形成农村新的居住模式、服务管理模式和产业格局。

新型农村社区建设，既不能等同于村庄翻新，也不是简单的人口聚居，而是通过新社区建设，改变农民生活和生产方式，提升农民生活质量，集约节约用地，调整优化产业结构，发展农村二、三产业，推进农业现代化，促进农民就地就近转移就业，加快缩小城乡差距，让农民享受到跟城里人一样的公共服务，过上像城里人那样的生活，共享经济发展、社会进步所带来的物质文明和精神文明成果。

2005年党的十六届五中全会做出了建设社会主义新农村的重大部署，2006年党的十六届六中全会提出了"积极推进农村社区建设"的号召。之后建设新农村、建设农村社区的活动在全国普遍开展起来，在全国普遍推行新型农村合作医疗的同时，新型农村社区应运而生。此前，在我国的部分农村已经开始了这方面的探索，为中央决策提供了实践基础。新型农村社区的出现，是农村改革发展的必然结果，它反映了广大农民群众渴望新生活的迫切愿望，反映了城乡一体化发展的大趋势，也是广大基层政府和农民群众在实践中的创造。

（二）新型农村社区的特点

从各地已经建成的新型农村社区来看，与传统农村社区相比有以下几个特点：

1. 新型农村社区规模不一。社区人口少则几千人，多则上万人乃至几万人，完全由当地经济社会发展条件、资源禀赋和环境基础而定。

2. 新型农村社区基础设施相对完善。新型农村社区的道路、供电、供水、通信、购物、电脑网络、有线电视、垃圾污水处理等各项设施基本齐全，可以保证农民生产和生活的需要。

3. 新型农村社区公共服务全面覆盖。教育、卫生、文化、体育、科技、法律、计生、就业、社保、社会治安、社会福利等政府各项服务全面覆盖，很多事情群众不出村也能办到。

4. 新型农村社区居住环境优美。新型农村社区注意环境的美化、绿化、亮化，绿树成荫，花草遍地，娱乐休闲设施齐全；社区居民的住房设计科学，既有独门独院的别墅，也有多层、高层、廉租房等不同样式、不同面积的套房，居民可以根据自己的需要和财力状况选择不同的住房标准。

5. 新型农村社区社会管理得到加强。社区建立了党总支、居委会、经济协会、文化协会、老年协会、村民理事会等组织，社会管理得到完善和加强。这里环境幽雅，生活方便，完全可以与城市小区相媲美，正像社区居民所说的那样："老村环境脏乱差，新村环境绿静美。老村旱厕畜圈不卫生，新村水冲厕所真干净。老村小巷车难进，新村车库真方便。老村文化生活缺，新村广场多娱乐。"村民们过着令城里人都羡慕的生活，城乡生活水平上的差距在这里已基本消失。

目前，山东、四川、河南、河北、北京等省市把建设新型农村社区当作统筹城乡发展的重要战略加以推进，其中有的行政部门为此专门下发文件，成立领导机构，制定政策措施，加大投入力度并全力推进，成效显著，涌现很多好的典型，积累了很多宝贵经验。这些地方有的已被国家或地方政府列为统筹城乡发展改革试验区，他们的做法得到中央有关部门领导和专家的肯定，同时也为其他地区提供了有益的借鉴。

【案例】

黑龙江省方正县重视乡村建设和发展，把美丽乡村建设作为农村精神文明建设的重要载体。围绕现代中等城市建设目标，形成"1城8镇16区"特色模式，打造出一批基础设施完备、公共服务配套、环境整洁优美的特色集镇和新型农村社区。

方正县把美丽乡村建设列为县委、县政府首要工作日程，编制了《方正县美丽乡村建设三年规划》。形成以"东北特色文化""日本侨乡文化"为主题，提出"一村一景、一村一韵"的格局，农村"美、富、好"三字标准，村村"环境美、农民富、乡风民俗好"。

在工业方面，方正县着力做强做大一区和九园。一区是指方正县经济开发区。今年，该县将投资1200万元实施开发区南四街等路网工程，力争开发区4平方公里配套设施全覆盖。在九园上，今年起，方正县继续完善大罗密、天门、德善、松南产业园，启动建设会发产业园，积极谋划方正镇、得莫利、宝兴产业园，合力推进方林产业园。依托园区着力打造6大主导产业，即发展绿色食品产业，新能源、新材料、新节能环保产业、传统木材产业和中医药产业。2014年全县新引进和续建产业项目40个，当年完成投资19亿元。

创新发展现代农业，确定"一主四辅"产业发展目标。"一主"即集中力量推进"一带八区"水稻示范工程。"四辅"即发展肉鸡养殖、食用菌栽培、北药种植和方正银鲫养殖产业。农业大力发展和扶持新型农民合作社和种粮大户，发展新型农民合作社，推动土地流转。

发展特色产业。方正县把发展旅游业作为带动农民增收致富的产业建设新亮点，围绕"山水之旅、文化之旅、美食之旅"打造美丽乡村旅游产业三大品牌，深入挖掘民俗文化、红色文化、剪纸文化等地域文化资源，在乡村谋划了得莫利饮食文化游等民俗文化体验旅游和其他特色文化体验旅游。该县还研究开发了"农家乐""手工作坊"等旅游新项目。

2013年和2014年，该县已经实施并完成乡村基础设施项目104个。美丽乡村精品村道路网络、供排水体系、配套设施可基本实现全覆盖。方正县围绕美丽乡村建设谋划公共服务项目，努力为乡村配备相适应的教育、卫生和休闲娱乐设施。实施县第二中学、宝兴小学改建，会发中学、天门中学扩建；建设会发卫生院，筹建县妇幼保健院、宝兴卫生院，建成了6个乡镇卫生院周转房；开工新建中心村休闲广场10处，积极推进教育均衡发展，提高医疗保障水平，完善公共体育设施，推动了城乡公共服务实现均等化

四、从传统村落到新型农村社区的发展演变

（一）新型农村社区公共服务体系更加健全

社区公共服务是指在当地政府组织倡导下，社区居民的自我管理和服务，是以整个社区为单位开展的社会化服务，是一种有利于提高社区居民生产生活质量，同时兼具公益性质的、福利性的、便民利民的社会化服务。新型农村社区服务体系较之前的传统农村有质的改变和明显提升。新型农村社区作为以农业为主的农村向服务健全的小城镇发展的过渡，是连接"城"与"乡"的政治建设、经济发展、文化生活的服务中心。健全的新型农村社区服务体系，基本上包括了城市社区的所有功能和作用，包括社会福利服务、便民利民服务、社区卫生服务、社区教育培训服务等。

1. 社会福利服务。有针对老年人需求而提供的服务系列，包括老年人活动中心、棋牌室、图书室等；有为少儿服务的系列，包括幼儿园、亲子室、兴趣小组等。

2. 便民利民服务。有居民生活服务系列，包括便民超市等；有文体服务系列，包括文化体育设施等。

3. 社区卫生服务。社区卫生医疗服务：主要职能有医疗卫生、康复保健、计生服务等，可以为社区提供优质高效、经济合理的医疗卫生服务。

4. 社区教育培训服务。包括幼儿园阶段的学前教育和小学初中阶段的九年制义务教育，当然也包括有利于促进社区居民就业的成人职业技能培训等。

（二）新型农村社区居民的综合素质更加全面

新型农村社区居民与之前传统型的农民主要区别在合作意识、主体意识、法律意识、市场意识等方面。

1. 新型农民团结合作意识很强。由于自给自足的方式以及农民自身自我提高的局限性，广大农民群体合作意识较为淡薄，普遍缺失。但在新型农村社区建设背景下，只有农户团结起来进行合作，整个社区公共事务等"大事、要事"的解决和社区居民自身权益的保障、维护才会更高效，力度才会

更大。

2. 新型农民主体意识非常强。由于受到客观条件制约，农民的文化水平普遍不高，受教育的质量、水平和年限也普遍较低，他们生产生活的环境也相对闭塞，较城市相比较为落后，这样就直接导致了相当一部分农民的主体观念比较淡薄，他们大多觉得"村是村，我是我"，两者是分割而存在的。而建设新型农村社区时，农民群众是主体，他们不但享受建设新型社区的益处，也亲自参与其中，成为社区建设中必不可少的重要成员，这样在参与和共享的过程中，新型农民的主体意识得到了极大强化。

3. 新型农民具有较强的法律意识和用法律维护自身合法权益的能力。由于历史原因，大部分农民的主体观念不强，很容易导致法律意识淡漠。在日常生产生活中，很多农民在权益受到损害时往往难以拿起法律武器来保障自身的合法权益，或者主观上想利用法律来解决，却没有有效渠道，不知道如何实践，而在建设新型农村社区的过程中，广大农民直接参与建设，这样既能培养新型农民的主体意识，又能不断提高他们的现代法律意识和用法知识，能在一定程度上改善农民的弱势感，而相应的法律观念的树立，也为加快新型农村社区建设提供了必要的保证。

4. 新型农民市场意识非常强。随着社会主义市场经济体系的建立完善，广大农民和农业都必须或者不得不进入到市场的大潮中来，农民要增收、农业要增效、农村要发展，都需要农民根据市场的需求来判断市场风向、调整产品结构、应对市场风险，更需要农民在市场经济的大风大浪中磨炼自身、提高自身、完善自身。与之形成良性循环，农民市场意识的培养和驾驭市场能力的提高，也将与新型农村社区建设形成积极的互动。

（三）新型农村社区现代农业生产内涵更加丰富

传统农业生产的主要作用是农产品生产和农产品供给，投入与产出都较为单一，而现代农业较传统农业生产来说，内涵和外延更为丰富、更为广泛。现代农业往往不仅包含传统的种植业、畜牧业、养殖业，而且还包含了生产资料生产的提供、食品的二次加工等工业成分，同时还包括了交通运输、信息咨询、技术服务等现代服务业的成分，可见其主要内容已由原有单一的农业生产，逐步扩大到经济社会发展的各个领域。

从产业功能上看，新型农村社区现代农业不但能够实现农产品供给，而且集观光、度假、休闲、旅游等众多功能于一身，大大拓展了农业的发展空间。而与建设新型农村社区相适应，必须辅之以大规模的土地流转，必须转变传统农业生产方式，大力发展现代农业，进而才能实现农村地区的经济发展方式转变，最终推动农业增效、农民增收、农村发展，为整个"三农"问题的解决开辟一条新思路。

（四）新型农村社区居民的社会保障体系更完善

传统意义上农民的"生、老、病、死"似乎都是"死生有命""听天由命"，而新型农村社区的社会保障体系更为健全完善，基本实现了广覆盖、无缝隙，与新型农村社区建设相辅相成，在一定意义上互为促进。因此，必须加快发展城乡社会保障事业，尤其是要健全入住新型社区的居民的社保。在城乡居民就业、最低生活保障、新型农村合作医疗、农村"五保"供养、九年制义务教育"两免一补"、大病救助、城乡居民养老保障等方面实现应保尽保，切实做到农村社会保障深入到千家万户，力争实现城乡居民社会保障全覆盖，进而解决入住新型农村社区的居民群众的后顾之忧。

（五）新型农村社区的基础设施更加完善

随着经济社会的发展，新型农村社区建设不断铺开，对社区基础设施的配套要求和建设水平也必然会越来越高，同时也会催生出更多的民生需求。这就要求新型农村社区必须要不断完善基础设施，用以满足社区居民群众日益增长的物质和精神的、生产和生活的各项需求。要突出针对性，加强当前缺项、弱项的基础设施配套建设，如污水集中处理、供排水、灌溉等工程建设。这样不但能够切实提高社区的承载力，而且能够提高群众入住新型农村社区的积极性和主动性，最为重要的是，完善的基础设施配套，基本上能够满足与之相应的群众的日常生产生活需求，这与传统农村难以满足的生产生活需求形成了鲜明对比。

第二节 新型农村社区的特征及模式

一、新型农村社区的特征

(一) 新型农村社区"新"在哪里

第一,新在它的标准上,它是用城市社区的标准建设的农村社区,是以城市化的理念改造农村,以公共服务均等化覆盖农村,以现代产业体系支撑农村,推进城乡一体化的进程;第二,新在它不再是传统意义上的农村,而是吸纳了城市生活方式的优势,具备教育、医疗、产业、就业、社区服务等城市基本功能;第三,新在它让农民"既不离土又不离乡",能够就地转变生产、生活方式,过上城镇生活,共享现代文明。

(二) 新型农村社区建设与"新农村"建设区别

"新农村"建设最直观地带来农村居住条件的改善,大量"造新房";而新型农村社区建设,造就的是"新生活",带来的是生产方式、生活方式的根本改变。新型农村社区的房子按照城市标准建起来了,服务体系也很健全,最关键的是农民的房由无产权变成了有产权,老百姓做到"有恒产者有恒心"。

(三) 新型农村社区建设优势

第一,居住条件城市化。就是社区规划科学、布局合理、功能齐全、环境优美、管理完善,从根本上改变了以往农村"脏、乱、差、陋"的面貌,基本达到了城市社区的标准。

第二,公共服务城市化。就是社区的各项公共服务实现全面覆盖,很多在城市才能享受到的公共服务,群众在社区内也可以享受。

第三,就业收入市民化。就是绝大多数农民可以到农民创业园、产业集聚区、现代农业基地打工赚钱,实现就地就业、就近就业或自主创业。

第四,生活方式市民化。就是彻底改变农民传统农耕生活方式,在社区内充分享受物质文明、精神文明、生态文明带来的美好新生活。

二、新型农村社区的模式

新型农村社区建设，在探索过程中形成了"城镇开发建设带动""产城联动""中心村建设"三种模式。

（一）"城镇开发建设带动"模式

"城镇开发建设带动"就是在实现城镇化、工业化、农业现代化的高度上，把县域经济发展、小城镇开发建设、新型农村社区（中心村）建设统一规划、一并推进，围绕"农村发展什么产业、在什么地方发展；农民居住什么环境、在什么地方居住"两大课题，统筹考虑耕地保护、粮食安全与农民富裕，推进工业化、城镇化和农业现代化协调发展。按照"做强主城、膨胀县城、发展集（聚区）镇、建设社区（中心新村）"的思路，把新型农村社区建设作为推进城乡统筹发展的切入点、促进农村发展的增长点，以新型城镇化引领"三化"协调发展，着力构建合理的城镇体系、合理的人口分布、合理的产业布局、合理的就业结构。

（二）"产城联动"模式

"产城联动"是指新型农村社区为产业集聚区的开发建设提供更为广阔的空间。有效破解"三农"难题，创新管理体制机制，打破行政区划，按照"以社区建设为突破、以产业发展为支撑、以人文关怀为纽带、以文明建设为保证"的建设方向，通过对行政村进行村庄、土地的双整合集中，实现了人口向城镇社区集中（农民在产业集聚区内找到了工作，提高了收入，自然乐意搬迁到环境优美的城镇社区居住），土地向农业企业家、农民专业合作社等大户集中（人口集中以后加速了土地流转，土地向大户集中，加速了农业产业化，这样又反过来促进了村庄整合，人口向城镇社区集中）。根据农户收入水平的高低，在社区规划设计了独院、多层、高层、廉租房等不同样式、不同面积的居住用房，以满足不同收入家庭的住房需求。从而使农民实现了"从一辈子盖几次房到三辈子盖一次房"的梦想，使几千年来生活贫穷、房屋简陋分散、环境脏乱差的落后农村改头换面。

(三)"中心村建设"模式

前期由农民企业家为支持本村村民而个人兴建出资,为本村农户建成连体式住宅和社区服务中心办公楼、党员电教室、便民超市等,形成中心村,然后围绕中心村以群众自建为主,企业和社会帮建为辅。政府为建房农户每户补助水泥,每户协调发放贴息贷款,每户给予拆迁补助,等等。同时加强了基础设施和公共服务设施建设,力求打造设施齐全、功能完备的宜居社区。

无论哪种模式的新型农村社区建设,目标都是让农民就近享受周到的公共服务,让有条件的农村居民尽快适度集中,住进环境优美、配套齐全的楼房。

第三节 新型农村社区的功能定位

清晰、明确的功能定位是新型农村社区建设方向正确的保证,是实现统筹城乡发展、推进城乡一体化目标的基础。

一、促进农村全面发展

促进农村的全面发展是新型农村社区的首要功能。建设新型农村社区是新农村建设的新阶段,是为解决统筹城乡发展问题制定出的一项新的农村政策。作为农村政策,必然要以解决"三农"问题为首要任务,必然要以促进农村的全面发展作为目标追求。因此,在建设新型农村社区的过程中,必然要围绕着如何促进农村的全面发展这一中心任务展开工作,任何时候都不能以偏概全,违背政策精神实质。在现实中,一些地方不顾实际的经济状况,强行进行村庄合并,忽略产业调整和布局,集中居住后并没有改变传统分散经营的农业现状,农民并不能从中获取持续的经济收益,这种新型农村社区建设从根本上无益于农村的发展,而且还会浪费资源、劳民伤财。

二、改善农村公共服务

改善农村公共服务是新型农村社区的重要功能之一。当前,广大农村地区的基础设施和公共服务供给严重不足,之所以如此,原因有三:一是受农村经济发展水平的限制,基础设施建设投入有限;二是涉农资金缺乏统一的投放平台,撒胡椒面式的财政支出方式使资金难以形成合力;三是农民居住分散增加了基础设施建设成本和施工难度。而新型农村社区建设就是解决上述问题的较好选择。

新型农村社区通过地域上的集中建设,实现了农村基础设施共建共享的要求,解决了各小行政村、自然村无力建设或重复建设问题,减少了公共支出,有效压缩了建设成本,为实现城乡公共服务均等化奠定了基础。事实上,新型农村社区建设正是政府为解决农村公共服务供给严重不足问题,使广大农民共享改革发展成果而采取的战略举措。因此,完善农村基础设施,改善农村公共服务是新型农村社区的重要功能之一。

三、增进农民利益

增进农民利益是新型农村社区不可或缺的一项功能。从广义的角度理解,促进发展和改善服务在客观上也能够增进农民利益,但此处更多是从狭义的角度理解的,指的是农民最为关注的直接利益的增加。改革开放后我国取得了举世瞩目的发展成就,但是由于城乡二元体制的存在,也出现了城乡差距扩大的发展隐患,这不仅阻碍了共同富裕目标的实现,也制约了国家经济的可持续发展。因此,解决城乡差距问题刻不容缓。为此,中央出台一系列的惠农支农政策,取得了一定的效果,但要真正解决此问题,必须要走城乡统筹、城乡一体化的发展之路。

因此,作为配合城乡统筹的举措,新型农村社区建设也必须要以解决城乡差距问题为己任,通过多种途径增进农民利益。在现实中,一些地方采取自筹自建的方式,让农民自己投资拆迁建房,政府只给予象征意义上的补贴,而节约土地的溢价却被政府占有,这些做法剥夺了农民的应得收益,违背了政策的精神实质,不但无益于城乡差距的缩小,可能还会进一步加剧农村的社会矛盾。

四、整合农村土地资源

整合土地资源是新型农村社区的又一项重要功能。工业化、城镇化和农业现代化"三化"协调发展是我国未来发展的大趋势。其中工业化、城镇化的发展必然需要空间支撑,而为了保障国家的粮食安全和农业的现代化,依靠传统蚕食耕地的办法已行不通。因此,必须探索"三化"协调发展的新路子。而这条新路子就是在不能快速把农民完全推向城市的条件下,通过新型农村社区建设这种就地集聚的发展方式(即新型城镇化)带动农村的发展,最终实现"三化"协调发展的目标。

新型农村社区建设是一个非常具有创新意义的发展思路,一方面它可以改变长期以来存在的农村住宅点多、面广等状况,节约出大量土地,从而既可以复垦为耕地,增加耕地面积,也可以置换为城市建设用地,缓解工业化、城镇化发展的土地供需矛盾;另一方面也可以以此为契机,加快推进土地流转速度,将土地流转给经营大户、农业公司,走规模化、集约化生产之路,实现土地增值,增加农民收益。通过节约和集约,提高了农村土地资源的整合程度,使现有资源发挥出更大的效应。

第二章 新型农村社区建设

新型农村社区建设，既不能等同于村庄翻新，也不是简单的人口聚居，而是要加快缩小城乡差距，在农村营造一种新的社会生活形态，让农民享受到跟城里人一样的公共服务，过上像城里人那样的生活。它以节约土地、提高土地生产效率、实现集约化经营为主导，农民自愿为原则，提高农民生活水平为目标，让农民主动到社区购房建房，交出原来的旧宅用于复耕。实现社区化之后，农民既不远离土地，又能集中享受城市化的生活环境。

随着经济社会的发展变化，农村社会建设相对滞后、公共服务资源匮乏的问题凸显；农民在解决温饱、基本实现小康之后，对居住条件和生产生活环境也提出新的更高的要求。新型农村社区建设，就是要不断满足农村居民的这些要求，逐步打破城乡二元结构，让他们共享经济发展、社会进步所带来的物质文明和精神文明成果。2009年10月发布的《关于大力推进新型城镇化的意见》中明确提出：以中心村为核心，以农村住房建设和危房改造为契机，用五年左右时间实现农村社区建设全覆盖；以新型农村社区建设为抓手，积极稳妥推进迁村并点，促进土地节约、资源共享，提高农村的基础设施和公共服务水平；逐步实现农村基础设施城镇化、生活服务社区化、生活方式市民化。

第一节 新型农村社区建设的提出

一、新型农村社区建设的含义

社区是伴随着工业化和城市化的推进首先出现于西方的一个概念，但是作为一种社会生活共同体形式却古已有之，是一个历史范畴。社区是社会生活的基本组织单位，是以共同居住的地域为基础，具有共同的社会联系和价值认同的社会生活共同体，是一种地方性社会。

相对于城市社区而言，农村社区是有广阔地域，居民聚集程度不高，以村或镇为活动中心，以从事农业活动为主的社会生活共同体。对此，费孝通先生曾经以"熟人社会"加以表征。因此，传统的农村社区是一种在自然状态下，由于长期共同生活而形成的具有共同文化理念的共同体。但是，进入现代社会以来，传统农村社区发生了重大变化。随着现代国家的建构，外部性因素日益向乡村社会渗透，农村社区不再是自然状态，更是一种国家规划性制度变迁的产物。在中国，20世纪50年代开始的农业社会主义改造，便是大规模对传统农村社区加以改造和重新规划的过程。经过农业社会主义改造，农民被组织到人民公社体制之中，成为公社社员，而不再是自然状态下的农民。即使是20世纪80年代废除人民公社体制后，农村社区没有也不可能恢复到传统农村社区。公社体制废除后的村民委员会是国家认可的建制村（通常又被称之为行政村）。由此可见，社区作为人类社会的基本组织单位，不是孤立存在的自然状态，它随着社会的变化而变化。

2006年10月，中共十六届六中全会通过的《中共中央关于构建社会主义和谐社会的若干重大问题决定》提出"积极推进农村社区建设，健全新型社区管理和服务体制，把社区建设成为管理有序、服务完善、文明祥和的社会生活共同体"。第一次在中央的决定和文件中使用"农村社区"概念，并且在提出社会主义新农村建设目标要求的同年提出农村社区建设目标，工作跟进比较快，显现了工作举措上的延续性，表明中央对加强农村社区建设的信心和决心。2007年，党在十七大上再次强调把城乡社区建设成为"管理有序、服务完善、文明祥和的社会生活共同体"，说明中央已把城市社区与农村社区统一纳入城乡社区这一范畴，社区不再是城市"专利"，农村同样是社区，有利于更新观念，表明农村与城市同样重要，这是建设和谐社会的具体体现，也是对十六届六中全会中提出的"农村社区"的深化，再次表明农村社区建设的重要性和城乡一体化的必要性和可能性。

二、新型农村社区建设的由来

社会主义新农村建设早在20世纪50年代就已提出,到了80年代以后越来越受到重视,中央每年出台的一号文件都是关于农业、农村和农民"三农"问题的政策和决定。尤其是党的十六届五中全会做出了《中共中央关于制定国民经济和社会发展第十一个五年规划的建议》,2006年2月颁布的《中共中央国务院关于推进社会主义新农村建设的若干意见》明确提出了建设社会主义新农村的总体思路和目标要求。提出要按照"生产发展、生活宽裕、乡风文明、村容整洁、管理民主"的要求,扎实推进社会主义新农村建设。社会主义新农村建设是指在社会主义制度下,按照新时代的要求,对农村进行经济、政治、文化和社会等方面的建设,最终实现把农村建设成为经济繁荣、设施完善、环境优美、文明和谐的社会主义新型农村建设的目标。

三、新型农村社区建设阶段划分

根据政府、农村社区居民和社区组织在新型农村社区建设这一制度变迁过程中不同时期地位、功能和行为的不同,我国新型农村社区建设可以划分为如下三个阶段:

(一)起步阶段(2006—2008年)

其方式是在政府主导下由农村社区居民积极参与。即按照全国统一规划和部署,根据全国农村经济发展水平差异和实际情况,由中央和地方政府组织实施,选择有条件的地区先行试点,取得经验后逐步推广。

2006年7月,国家民政部首次提出了"开展农村社区建设试点"的思路。随后不久,民政部下发了《关于做好农村社区建设试点工作,推进农村社会主义新农村建设的通知》(民函〔2006〕288号),对试点工作做了部署。2006年10月,党的十六届六中全会首次完整地明确地提出了"农村社区建设"的概念。《中共中央关于构建社会主义和谐社会若干重大问题的决定》,

给全国的农村社区建设提出了目标:"积极推进农村社区建设,健全新型社区管理和服务体制,把社区建设成管理有序、服务完善、文明祥和的社会生活共同体",为农村社区建设指明了方向。2007年9月4日,民政部开始正式启动农村社区建设实验工作,印发《全国农村社区建设实验县(市、区)工作实施方案》,下发《民政部关于发放全国农村社区建设实验县(市、区)牌匾的通知》。截止到2008年10月底,民政部最终确定了304个"全国农村社区建设实验县(市、区)",占全国2862个县级单位的10.55%。共有20400个村作为农村社区试验村,占全国64万多个村的3.19%。

(二)发展阶段(2009—2012年)

其方式是政府引导,社区居民和社区组织积极参与,由中央、地方政府在认真总结试点经验的基础上,引导基层参与组织实施,采取由点到面、由少到多的方式在全国范围内推广普及新型农村社区建设。

从2008年年底开始,新型农村社区建设开始在全国范围内全面展开。以山东省为例,截至2010年1月,山东省已建成农村社区服务中心1.3万个,服务功能覆盖1712万人,40个县(市、区)基本实现了农村社区全覆盖。山东省98%的县、82.5%的镇、59%的村开展了新型农村社区建设。2009年11月,山东省委、省政府下发了《关于推进农村社区建设的意见》(鲁发〔2009〕24号,以下简称《意见》),《意见》要求:"到2010年,全省50%的农村实现社区建设全覆盖;到2012年,全省80%的农村实现社区建设全覆盖;用5年左右的时间实现全省农村社区建设全覆盖。"

(三)成熟阶段(2013—2020年)

此阶段建设新型农村社区的方式主要是以社区居民及各种类型的社区组织作为主导、组织和实施主体,根据实际的发展形势和要求,自主推动、完善新型农村社区建设,真正把传统农村社区改造、建设成"管理有序、服务完善、文明祥和"的新型农村社区,实现城乡公共服务均等化,真正促成城乡一体化发展。

四、新农村建设与新型农村社区建设的不同之处

（一）着力点不同

社会主义新农村建设是一个宏观的战略决策，农村社区建设是一个微观的战术举措。21世纪前20年实现全面建设小康社会的目标，到21世纪中叶我国基本实现现代化，建设社会主义新农村需要经过几十年的艰苦努力。由此看出新农村建设是现代化建设的重要战略决策，始终与现代化紧紧联系在一起，可以说它是一个战略决策。新型农村社区建设是一个微观的具体举措，是实现社会主义新农村建设的重要途径或者说是一种制度安排。当然新农村建设的内容比较多，是一项系统工程，很多涉及生产发展方面的事，也要通过强化农村社区服务来促进农业生产诸多方面任务和目标的实现。

（二）工作重心不同

新农村建设侧重生产共同体建设，新型农村社区建设侧重生活共同体建设。新农村建设的总要求是"生产发展、生活宽裕、村容整洁、乡风文明、管理民主"，虽然包含经济、政治、文化、社会等方面内容，但其工作重点还是在生产发展和农民增收上，重点在如何调整产业结构、依靠科技支撑、加快土地流转、推进综合改革、转移富余劳动力、增加财政投入等方面。农村社区建设按照党的十七大的要求，强调把城乡社区建设成为"居民自治、管理有序、服务完善、文明祥和的生活共同体"，属于社会建设与管理领域，主要侧重以下几个方面。

1. 新型农村社区建设突出社区理念。强调用社会生活共同体的理念来推进农村建设，是农村社区建设与新农村建设的本质区别，用"农村社区"的概念，而不是"新农村"的概念，就是要借鉴城市社区建设的经验，推进农村社会建设。

2. 新型农村社区建设突出自治。重视社会组织作用的发挥，有利于跟国际接轨，发挥社会组织在农村社区建设中的重要作用。强调基层社会组织参与治理农村，重视农村经济合作组织等基层社会组织的培育、发展与管理。

3. 新型农村社区建设突出管理。农村社区是社会的最基层，是农民生活的场所，满足村（居）民多样化需求的基础平台，也是各种矛盾的交汇点，是社会管理的基础环节，农村社区的稳定关系整个社会的和谐稳定，社会管理的任务十分繁重，尤其是城乡结合部社区更为复杂。因此，势必建立社会舆情汇集和分析机制、利益诉求表达机制、矛盾调处机制等，维护农村社区的和谐稳定。

4. 新型农村社区建设突出服务。强调农村公共服务和社会保障制度的重要性，有利于实现城乡统筹。强化服务理念，完善农村社区公共服务，设立农村综合服务中心，包括医疗卫生、文化、体育等社会公共服务，开展社区群众性自助和互助服务，为广大农民提供多样化的服务，这是农村社区建设与新农村建设的重要区别。

5. 新型农村社区建设突出社区的共同精神价值。作为生活共同体，就是要追求社区居民共同的价值理念，强调归属感、认同感。强调村民之间的精神文化纽带。强调社区教育，树立终身学习或者教育的理念。新农村建设提到的乡风文明是对农村传统文化的继承与创新，而不是一种完全新的文化理念导入，它不是从社区精神文化认同感、归属感的角度来设计，必须突出人的因素、文化的因素。

6. 新型农村社区建设突出资源整合。强调村内外资源整合，利用驻村（社区）的各种资源，为农村建设服务。突出制度安排，强调改变农村社区封闭、结构简单的状态。

（三）组织实施不同

无论是新农村建设，还是农村社区建设，都是在党的统一领导下进行，强调基层党支部的领导作用。但两者具体的组织实施有所不同，新农村建设由中央农村工作领导小组牵头，办公室负责日常工作，农业等政府相关部门共同参与配合；而农村社区建设实行党委领导、政府负责、民政部门牵头，村（居）民主体、其他部门配合的工作运行方式，农村社区建设侧重于民政部门牵头，更注重社会建设，两者工作推进力度和角度不同。

城乡一体化是随着生产力的发展而促进城乡居民生产方式、生活方式和居住方式变化的过程，使城乡人口、技术、资本、资源等要素相互融合，互为资源，互为市场，互相服务，逐步达到城乡之间在经济、社会、文化、生态上协调发展的过程。城乡一体化，是一项重大而深刻的社会变革。不仅是思想观念的更新，也是政策措施的变化；不仅是发展思路和增长方式的转变，也是产业布局和利益关系的调整；不仅是体制和机制的创新，也是领导方式和工作方法的改进。城乡一体化的根本措施应该是废除原有的城乡二元体制制度，改革户籍制度，废除现行的人口流动管制。它包含了城乡规划管理一体化、城乡产业布局一体化、城乡就业和保障一体化、城乡基础设施建设一体化、城乡社会事业发展一体化以及城乡政策措施一体化。

城乡统筹是要把挖掘农业自身潜力与工业反哺农业结合起来，把扩大农村就业与引导农村富余劳动力有序转移结合起来，把建设社会主义新农村与稳步推进城镇化结合起来，实现农民向城镇和新型社区集中，土地向适度规模经营集中，工业向产业集聚区集中，加快建立健全以工促农、以城带乡的政策体系和体制机制，形成城乡良性互动的发展格局。城乡统筹，关键是城市带乡村。

城乡统筹概括起来有以下几个特点：

1. 城乡产业政策统筹。改变"保城损乡""保工损农"的传统做法，为乡镇企业发展创造宽松环境，赋予农民和农村平等发展权。

2. 城乡劳动力就业统筹。改变对农村劳动力进城就业的种种限制，实现城乡之间劳动力的充分自由流动。

3. 城乡公益事业建设统筹。改变政府用于发展教育、卫生等公益事业的资源主要用于城市的做法，将适当比例的公共资源用于农村，并重点向农村倾斜，承担政府在农村公共事业中应尽的职责。

4. 城乡社会保障统筹。改变社会保障体系不覆盖农村的做法，从最低生活保障、养老保险、医疗保险等做起，逐步建立和完善农村社会保障体系。

【案例】

山东青岛市黄岛区六汪镇根据实际，把新型农村社区建设与改善农民居住条件相结合，实践探索出一条新路。六汪镇是一个传统的农业区，人均耕地面积有3亩左右。新型农村社区建设主要面临两个问题：一是资金，二是农民生计问题。在充分了解农民需求并调研走访外地的新型农村社区建设典型的前提下，结合当地的小城镇建设，六汪镇在当地开辟出一块土地，统一规划联排两层楼房，建设新型农村社区。周围村庄符合条件的农民可以自愿报名自建住房。镇里聘请专业规划设计单位负责规划，结合农民的特点和需求反复修改，最终确定了符合本地农民审美和生活习惯的样式。

新社区的道路、水、电等公共配套设施由当地政府投资建设。新建的社区服务中心就在新社区的边上，农民办事非常方便。

第二节 新型农村社区建设的指导思想

指导思想是指导某一战略任务的理论基础和基本遵循的原则，是实现整个战略任务的根本保证。指导思想不是可有可无的，而是不可或缺的。建设新型农村社区必须坚持正确的指导思想，这是扎实有序推进新型农村社区建设的根本保证。建设新型农村社区必须要有切合实际的阶段性目标任务，这是扎实有序推进新型农村社区建设的努力方向。

一、以人为本，服务村民

"以人为本"既是农村社区建设的指导思想，又是必须遵循的基本原则。建设农村社区的目的就是要在经济发展的基础上，不断提高村民物质文化生活水平和健康水平，以村民的需要为根本出发点，努力实现政府基本公共服务的全覆盖，向村民提供各种便民利民服务项目，实现村民与市民的相同待遇。

北京市2011年推进新型农村试点建设时提出，深入贯彻落实科学发展观，紧紧围绕率先形成城乡经济社会发展一体化新格局的战略目标。通过开展新型农村社区试点建设，深入落实城市总体规划和城乡一体化规划，转变农村经济发展方式，促进优质资源和要素向农村转移，实现农民充分就业和人口集聚，提高农村地区公共服务水平，努力探索郊区城镇化和新农村建设协同发展的新途径。这些指导思想充分体现了以农民为本的思想。

二、集聚融合，有序搬迁

新型农村社区体现高度的集聚性，通过行政建制的合并、村落实体的有序搬迁，有机集中，紧凑发展，避免无序扩张。通过土地利用功能的调整，做到地尽其用，最大限度地提升土地的价值，实现土地的集约节约利用，体现规模效益，适应未来城乡发展需求。

河南新乡作为新型农村社区建设典型，在《关于加强新型农村住宅社区建设用地管理的通知》中提出指导思想是以落实科学发展观为统领，以保护耕地、保障农民土地权益为出发点，以改善农村生产生活条件、统筹城乡发展为目标，以优化用地结构和节约用地为重点，遵循"控制增量、合理布局、集约用地、保护耕地"的原则，因地制宜，统筹安排，零拆整建，先易后难，做到以城带乡、以工促农，通过新型农村住宅社区建设改善农民生活、生产条件，促进农业适度规模经营和农村集体经济发展。

三、资源共享，共驻共建

整合各村庄土地、设施、产业等资源，通过社区建设，统一提升资源的聚集度，充分发挥资源的实际效能。多个村庄共同入驻，转化为多个居住组团，共同建设和谐新型农村社区。规模合理，便于管理。

社区建设可以与村庄行政区域、基层社会组织紧密相连，为了保证社区建设与地域居住环境和基层社会组织相配合，社区应该具有合理的规模，这样有利于形成较强的社区认同感与归属感，并且便于社区的实际操作、建设和管理。因地制宜，循序渐进。新型农村社区建设是一个系统化的社会工程，涉及因素较多，影响面较广。因此应结合各个村庄的实际情况，因地制宜，统一规划，设定建设顺序，逐步实施。

第三节 新型农村社区建设的目标任务

新型农村社区建设的目标诉求是为了促进城乡一体化发展、节约集约利用资源、就近就地城镇化、扩内需保增长、扩大基层民主。

一、统筹城乡一体化发展，实现社会公平与效率契合

城乡一体化发展是贯彻落实科学发展观的重要要求，是党中央针对我国城乡差距扩大、经济社会持续能力减弱、经济短板凸显等问题而做出的科学决策，也是破解"三农"难题，实现社会公平与效率契合的治本之策。党的十八大报告明确指出："城乡发展一体化是解决'三农'问题的根本途径。要加大统筹城乡发展的力度，增强农村发展活力，逐步缩小城乡差距，促进城乡共同繁荣。"[1] 新型农村社区建设成为实现城乡一体化发展的重要突破口，在尊重农民意愿、保障群众利益的前提下，推动农村人口就近就地城镇化，实现城乡基本公共服务均等化，促进公共资源向农村基层延伸和节约集约利用，让农村人能和城里人一样享受均等化的社会公共服务，使广大农村居民平等参与现代化进程，共享改革发展成果。

二、集约利用土地资源，实现资源利用"规模经济"

目前，农村建设用地利用土地资源不充分，农业经营规模过于分散，且规模偏小，农民的耕作模式还是传统的模式，并没有真正实现农村机械化，与之相反的是城市建设用地缺口大。随着农业现代化的发展，现行的土地制度逐渐表现出其固有的传统农业性质和计划经济的痕迹，一家一户分散经营，无法摆

---

[1] 胡锦涛. 坚定不移沿着中国特色社会主义道路前进为全面建成小康社会而奋斗[N]. 人民日报, 2012-11-9.

脱小农经济的桎梏，无法形成规模经营，无法进行统一布局、耕作和提供服务，难以改造农田基础设施，抵御自然灾害和抗御经济风险的能力偏弱，在某种程度上开始制约农业和农村的长远发展。加之由于许多农民长期进城务工，许多人搬进城市定居，空心房、空心村逐步增多，土地弃耕现象严重，这加剧了土地资源的浪费。

新型农村社区建设的一个关键出发点就是为了整合利用农村分散的资源，实现资源利用的"规模经济"。通过对农村住宅用地和建设用地进行整体规划、合理布局，有利于彻底解决"空心村"问题，改善农民的居住条件，提升农民的生活品质；同时对腾出的原宅基地进行整理复耕，又可增加耕地面积总量，便于土地的流转，有利于推进农业生产的规模化经营和机械化操作。人口的集聚为土地、劳动力等资源要素的集约使用，为农业生产方式的改进，第二、第三产业的引入和经济结构的优化创造条件，便于在更大范围内规划产业布局，培植新产业，推广新技术，实现城镇化与工业化、农业现代化协同发展。

三、打破固化的城乡二元结构，实现就近就地城镇化

这些年，我们经历了从传统城镇化到新型城镇化，再到新型城镇化为引领的阶段，城镇化在区域经济发展中的作用日益提升。传统城镇体系只包括大城市、中等城市、县城和镇四个层级，而把人口众多的广大农村排除在外，这在一定程度上固化了城乡二元结构。在加快农村人口向城镇转移的过程中，各地探索构建新型城镇体系，形成了一个共识：必须突破传统观念的束缚，按照新型城镇化引领区域发展的战略思想，把新型农村社区纳入城镇体系建设与管理，形成五级新型城镇体系。例如：山东省提出了"形成以城市群为主体，以区域中心城市为核心，以县域中心城市为支撑，以小城镇和新型农村社区为基础的层次分明、布局合理、功能协调、城乡一体的五级新型城镇体系"[1] 的构建目标。把新型农村社区纳入城镇体系，形成大城市、中等城市、县城、

---

[1] 付晓峰. 山东加快农村人口向城镇转移 构建新型城镇体系 [EB/OL]. http://news.jxgdw.com/jszt/sdmtx/xfxc/2133733.html，2013-02-02.

镇、新型农村社区的五级城镇体系，优化了城镇组织体系的结构，对于推动农村人口城镇化是一种模式创新。我国是拥有13亿人口的大国，不可能让绝大多数人口都集中到大城市、中心城市，要帮助引导农村人口就地就近过上城市化生活，不失为一种有益探索。建设新型农村社区，可以就近就地实现城镇化，可就近就地实现农民生产生活方式转变，土地转移、转换，生产集聚、集中。所以从一定意义上说，新型农村社区建设是探索中国特色新型城镇化道路的底层突破，有利于加快城镇化的进程。

四、促进农村扩大投资和消费，实现拉动内需保增长

受世界金融危机"后遗症"的影响，世界市场吸纳中国过剩生产能力的潜能在逐步缩小，扩大内需成为我国经济发展的根本动力。而扩大内需的最大潜力在于城镇化，最大的内需市场在农村。2012年12月中央经济工作会议将新型城镇化建设放在我国"现代化建设的历史任务"和"扩大内需的最大潜力"这样一个前所未有的高度，意味着新型城镇化被定位为中国经济新的增长点，是改革的重要红利。前世界银行副行长、诺贝尔经济学奖得主斯蒂格利茨预言，中国的城镇化和美国的高科技将是21世纪带动世界经济发展的两件大事[1]。坚持新型城镇化引领，推进新型农村社区建设，能够促进农村扩大投资、增加消费。新型农村社区建设成为扩内需保增长的战略性经济增长点。随着农村人口向城市人口的转移，农民自给自足的生活方式向城市社会性的供给需求方式转变，这就需要加大现代服务业和基础设施的投资，从而有力拉动投资需求。

中国城镇化率每提高一个百分点，就有300多万人从农村转入到城镇，而每一个农民转化为市民，可以直接带动综合消费10万元。中国城镇化率每提高一个百分点，就能带动投资50%，消费提高40%[2]。未来10年我国将有4亿农村人口、1亿个家庭进入城镇，如果其中有50%的家庭进入新型农村社

---

[1] 汪利娜． "新型城镇化"应是可持续的［EB/OL］． http：//www.eeo.com.cn/2013/0524/244478.shtml，2013-05-24．

[2] 李国祥．城镇人口过半意味着什么［J］．时事报告（大学生版），2013（2）．

区,至少可产生10万亿元的国内消费需求,将对拉动国民经济持续增长做出重要贡献。"如果我国城镇化水平达到70%,并考虑当前2亿多虽纳入城镇人口统计但并未享受市民同等待遇的进城农民,我国城镇化还有30%~35%的提升空间。"❶ 走新型农村社区建设的城镇化道路,将从投资和消费两方面拉动我国经济发展至少30年。

五、促进社会治理方式的民主高效,增强社会自治功能

在西方文明的发展史上,由于各国的主要政权机构或政治中心集中在城市,城市的发展推动了整个社会的民主化。城市作为民主政治的发祥地始终处于先锋地位,城镇化必将成为促进社会治理方式民主高效的催化剂。作为城镇组织体系末端的新型农村社区的建设是村民自治的延伸和拓展,是农村基层民主在新的历史条件下的创新和发展。随着新型农村社区生活的形成,先前那种以血缘宗亲为纽带、乡土生活为根基的村落熟人社会将逐渐解体,有利于形成民主平等、法制健全的社区生活环境。以往的村民自治开始向社区自治转型,有利于进一步扩大基层民主,完善群众自治制度,增强社会自治功能。

第四节 新型农村社区建设的基本原则

新型农村社区建设是当前农村发展的重要实践,与农村经济发展、农民群众的切身利益息息相关。在发展中也面临各种新情况、新内容。

坚持惠民为本、尊重群众意愿、群众利益最大化的原则。新型农村社区建设应始终把维护群众合法权益放在首位,充分尊重群众意愿,依法保障群众的合法权益;对于拆迁腾出的土地,国土部门要依照法律程序进行招、拍、挂,出让金除上缴部分外,全部用于涉及村的安置、补偿、基础设施建设等工作。

---

❶ 华晔迪,朱立毅. 八成农户愿意搬到城镇和新农村社区[EB/OL]. http://www.chinanews.com/gn/2013/03-02/4609515.shtml,2013-03-02.

同时，安置房建设时政府应收的费用和其他服务性收费要尽可能减免。

坚持规划先行、高起点规划、高标准建设的原则。新型农村社区建设在规划层面和建设层面要积极突破，务求规划先行，注重示范带动。坚持分类指导、群众自愿、协调发展的原则，在规划设计时综合考虑周边路网、外部环境与内部各项功能的衔接，以高标准建设，真正把农村社区打造成功能合理、配套完善、安静优美的社区。

坚持政府主导、村为主体、群众自愿的原则。新型农村社区建设中政府应起主导作用，要始终把群众工作放在重要位置，利用召开群众代表大会、致村民一封信等多种形式，广泛宣传新型农村社区建设的目的、意义和相关优惠政策，使广大群众对新型农村社区建设带来的社会、经济效益有较为全面的了解和认识，进而积极主动地投入到新型农村社区建设中去。

坚持依法行政、市场运作、和谐拆迁的原则。新型农村社区建设应尽可能按照法规政策程序开展工作，法规政策涉及不到的地方，采取一事一议的办法，在尊重事实的基础上应充分征求大多数群众的意见。在制定拆迁、补偿、安置政策时，尽可能让利于民，努力做到无震动、无因拆迁上访。土地出让走招、拍、挂市场化运作程序，公平、公正、公开，尽可能实现土地价值的最大化。招商时，应优先选择信誉好、有实力的开发公司参与到此项工作中来。❶

适应城镇化发展的需要，我国各地以"人口向新型农村社区集中、土地向规模经营集中、产业向园区集中"为主要路径的农村新型社区建设正在积极推进。

当前有些地方在推进农村新型社区建设中忽视农民需求，搞政绩工程和形象工程，脱离实际地追求整齐划一、强迫农民"上楼"等。结果导致农民生产不利、生活不便、就业无门，容易引发一系列社会问题。

作为一个新生事物，农村新型社区的建设，在推进的过程中也必须遵循社会发展规律。最为重要的是要坚持两个原则，即土地规模流转和产业支撑体系。

---

❶ 郑瑞同. 新农村社区建设应坚持四原则[N]. 农民日报, 2012-05-28.

第一，实现土地规模有序流转。

随着我国工业化、城镇化的加速发展，农村大量的壮劳动力外出务工经商。截止到2015年底，全国"农民工"已达2.8亿人之多。据有关方面调查，外出的"农民工"75%以上将来不会再回农村。农村人口这一新的社会变迁，为改变农民传统的生产习俗，提供了机遇和挑战。

农村劳动力的外出，给农业生产带来了很大的问题。留在农村的人口，大多是上了年纪的老人、体力不支的妇女。他们不但难以承担繁重的体力劳动，还使我国有限的土地资源得不到最大限度的产出。因此，农村的生产现状也为生产方式的改变，提供了条件。

在农村劳动力弱化的同时，一些粮食生产大户、家庭农场、农民专业合作社等新型粮食生产组织风起云涌。他们的出现，需要大量的载体——土地。据农业部统计，截至2012年底，全国30个省、区、市（不含西藏）共有家庭农场87.7万个。经营耕地面积达1.76亿亩，占全国承包耕地面积的13.4%；平均每个家庭农场有劳动力6.01人，其中家庭成员4.33人，长期雇工1.68人。家庭农场平均经营规模达200.2亩，是全国承包农户平均经营耕地面积的近27倍。2012年中国家庭农场经营总收入为1620亿元人民币，平均每个家庭农场为18.47万元人民币。

一方面是农村劳动力的短缺，另一方面是农村新型粮食生产组织需要大量的土地，两者的有机结合就会使社会资源得到有效的利用，也为农村新型社区建设提供了得天独厚的良机。

我国在进行农村新型社区建设时，要在总体规划的指导下，有意识地引导农民在"依法、自愿、有偿"的情况下，将土地流转给粮食生产大户、家庭农场、农民专业合作社等新型粮食生产组织。确保在他们入住新型农村社区后，有新的工作获得工资性收入。

第二，建立产业支撑体系。

在建设新型农村社区时，对于建设在城镇周围的农村新型社区，可以依托城镇的就业渠道来安置新社区的居民；对于建在离城镇较远的农村新社区，要发展新的产业。通过多种途径，让居住在农村新社区的居民就地就业、就近就业。

第五节　新型农村社区建设中需要注意的问题

一、新型农村社区建设的核心问题

（一）农村居民点的变动与农业生产方式紧密相关

农业经营方式的转变和产业模式的转变会推动新型农村社区的建设。1978年改革开放以来确定的农村家庭联产承包责任制，在当时大大提高了农民的积极性，粮食连年大丰收。但是，随着农业现代化的发展，现行的土地制度逐渐表现出其固有的传统农业性质和计划经济的痕迹，在某种程度上开始制约农业和农村的长远发展。比如，容易造成小而分散的农田经营情况，无法形成规模经营，也导致集体难以统一布局、耕作和提供服务，甚至难以改造农田基础设施。随着农业产业化和现代化进程的加快，农地经营方式和农业生产方式也不断发生变化。如果农地经营仍是分散经营，居民点也必然与之相适应；如果农地实现规模经营，或者已经实现产业转型，土地的集中或者农民主要收入不再依附于土地，必然会引发农村居民点的重组，推动新型农村社区的建设，以适应新的生产方式。

（二）新型农村社区建设与农村集体土地制度紧密相连

与城市土地属于国有建设用地不同，农村土地属于集体所有。农村土地包括建设用地、农用地和其他用地。

首先，农村集体土地问题的复杂性，突出表现为集体土地所有权和使用权的分离。对于集体来说，虽然拥有所有权，但是必须将土地按政策分给每个农户，所有权在经济上没有得到体现，从而使集体的所有制观念和统一管理的职能被弱化。对农户来说，虽然拥有使用权，但承包权的不稳定使得其从事农业的积极性大大降低：一方面，希望进一步扩大经营规模的农民难以在公平、公正、公开的条件下获得土地，即使获得了土地也由于产权问题无法进行长远的投资。另一方面，想另择他业的农民也无法在确保自己利益的前提下，自主转让土地权益。这种矛盾的长期存在将制约农村经济的发展，加剧农民与土地结合的惯性，使得农村的兼业化现象长期存在。同时，农村社区建设中宅基地置换难、缺乏过渡建设用地等问题，都与此相关。

其次，农村土地问题的复杂性还表现在各项用地所承载的社会功能上。例如，宅基地不仅承载了农民的居住功能，在某种程度上，农村宅基地上产生的庭院经济也承载了一部分社会保障的功能；对于承包地来说就更为复杂，不仅承载了农民就业功能，还承载了其生存保障以及其他社会保障功能。这些因素需要在新型农村社区建设中给予认真考虑。

因此，必须慎重对待新型农村社区建设用的土地问题，有两个核心的基本要求：节约利用土地资源和土地置换中的村民搬迁"无缝"过渡。前者是建设新型农村社区的目标之一，而后者关系到建设的顺利实施。无论各地开展何种形式的新型农村社区建设，必然要先占用一部分土地资源，村民迁居后再通过原宅基地复垦补偿先前占用的土地资源。换言之，新型农村社区的建设用地都是通过置换得来的，虽然各地土地置换的流程不尽相同，但大体思路一致：先占后补，占补平衡，增减挂钩。

二、新型农村社区建设中需要注意的问题

社会主义新农村社区建设开展要坚持"科学规划、分类指导、试点先行、群众自愿、就业为本、量力而行、尽力而为"的原则，积极稳妥地开展新农村社区建设。

（一）坚持县乡主导、群众自愿原则

建设社会主义新农村是政府主导、群众参与、各方努力的一项社会系统工程。县、乡政府是新农村社区建设的主导者和责任人，只有通过政府整合涉农部门力量，筹措、整合各项涉农资金，整合相关政策，制定实施方案、新村建设方案，编制项目规划、初审、申报、组织实施和验收等工作。农民是土地整治工作开展的主体，县（区）政府要建立完善信息公开制度和群众意见征集制度，让群众充分参与，充分尊重群众意愿。新村选点布局、规划设计、拆迁奖补、新居分配等方面工作，要通过公告、听证、公示等方式，广泛征求村民

的意见，每个项目必须90%以上的村民或村民代表同意方能实施，防止以行政命令方式搞违背农民意愿的大拆大建，切实保障农民的合法权益。

（二）做到先期摸底调查，进行可行性研究分析

新农村社区建设一定要本着因地制宜、量力而行的原则，脚踏实地地推进，切忌盲从激进。乡镇政府部门要摸清建设条件，了解群众意愿，进行可行性研究论证，做到有的放矢。

（三）符合城乡规划、土地利用总体规划以及新农村发展规划

新农村社区建设要坚持"先规划后建设、没规划不建设"的原则，规划要立足当前，着眼长远，分期实施，稳步推进。在新农村社区建设过程中，要正确引导社会资金、力量参与社区建设的模式和方法，如组建国有独资或股份制开发建设公司作为投融资主体进行社区建设。但新农村社区建设一定要坚持政府主导的原则，严禁各类以房地产开发的形式进行的社区建设。因此，在新农村社区建设中只能出现建筑承包商，一般不能以房地产开发商名义存在，更应注意"小产权房"问题的出现，切实保护农村集体经济组织的利益。

（四）社区建设综合统筹进行

社区如何建设？农地如何使用？农民生产生活如何安置？社区建设要做好前期统筹规划，对社区的设计定位要实际，认真研究社区建在哪，如何建？迁入农民的生活如何安置，迁出农民的承包地、宅基地如何有偿退出？如何促进农用地的规模化、集约化经营？这些都是要各级党委、政府提前深入思考的问题。

（五）坚持整体规划、政策连续

新农村社区建设是一个逐步推进、深入人心的过程，基层乡镇政府一定要站在宏观、全局的角度思考社区发展的未来，做好社区建设规划，切实注重建设新农村社区政策的延续性，切忌朝令夕改，让群众心存疑虑。同时，各级党委政府要大力抓好新农村建设的宣传、教育、培训、交流等工作，使党中央、国务院的利民政策深入人心，让群众认识到新农村社区建设的优点、好处，从而积极主动地参与到新农村社区建设工作中，推动此项工作健康、规范、和谐、有序地开展。

（六）严格执行法律法规，杜绝"一户多宅"及"小产权房"

乡镇政府不能只注重建设新社区，还要严格落实旧村的拆迁复垦。新农村社区建设用地占用的农用地指标，需要旧村的拆迁复垦来替代，特别是先建后拆的新农村社区用地，三年内必须完成旧村复垦，否则就将按照违法用地对待。因而，乡镇政府不能只关心新农村社区建设，还要认真落实拆旧复垦工作，保证耕地占补平衡和增减挂钩指标的需要。

（七）尊重农民意愿

在新型农村社会建设的过程中，虽然从大的趋势看是历史的必然，目标是有利于农民生产生活水平提高的。但是，在建设过程中，要尊重农民意愿，保障农民利益，不能简单粗暴，损害农民利益。尤其是土地问题尤为复杂，要谨慎对待。要预先评估可能出现的风险及容易引发的矛盾，不能强制农民搬迁和上楼居住。

我国的新型农村建设与西方国家有很大的不同，在于我国更多的是由政府为主导推进的，在现实中往往演变为一种行政指令，忽视了农民的主人公地位而越俎代庖。由此带来的结果是明明为农村发展和农民谋福利的政策，结果农民不买账，缺乏知晓度、认同感、参与率，结果严重影响了效果。因此，政府必须转变观念，由政府主导转换到政府引导，农民参与和具体行动。

农民是新型农村社会建设的主体，在新型农村建设的相关政策出台前要充分了解农民的意愿和想法，通过参与式方法开展充分的调研。动员农民自愿参与，对于建不建、如何建等问题，要自下而上充分调动农民参与的积极性。不能只是政府自上而下动员指挥，要尊重农民意愿，从农民利益视角出发，设身处地为农民着想。

（八）实现人的城镇化

新型农村建设是以城镇化的理念改造传统农村，以现代化的公共服务和完善的公共设施服务农村，以现代化产业体系支撑农村，实现农民的生活方式和生产方式的现代化，从而实现就地城镇化，离土不离乡，解决农村剩余劳动力问题。

城镇化是否实现，要看是否从"物的城镇化"到"人的城镇化"。城镇化的实现更多的不仅仅是城市面积扩张和非农人口比例的增长，而是实现产业、社会保障和生活方式等方面从"乡"到"城"的转变。

可见，城镇化的核心是人的城镇化，即从农村和农业转移出来的劳动力能够充分享有就业机会和市民权利。由于长期存在的城乡二元结构，阻碍了人的城镇化。一方面，进城务工的农民虽然有工作和收入，但是因为户籍制度的限制，不能享有与城镇居民同等的教育、医疗、社会保障等方面待遇；另一方面，部分农村在城镇化过程中处于"被城镇化"，土地被征用后，农民身份转变为居民，但是他们的生活方式、思想观念、文化生活等仍然是传统的农村方式，相应的社会保障也没有及时到位，结果出现土地城镇化和人的城镇化不同步的问题。

（九）要体现当地社区的独特性

新型农村社区建设要避免"千村一面"。应当针对每个地区的不同特点，将新型农村社区分为不同类型建设和发展。新型社区与特色产业要因地制宜，分类规划，不能搞一刀切。新型社区建设要根据区位条件、现有基础和资源状况等因素，合理规划和设计。新型社区的建设规模要适中，既要发挥规模效应和集聚效应，降低建设成本，又要有利于社区管理，符合农村发展的实际和要求。在建设新型社区时要关注当地历史风貌、传统文化的发掘和保护，传承农村文明。重视新型农村社区建设规划与土地利用总体规划、城镇体系规划、产业发展规划相统一。

第六节 新型农村社区建设的国际经验及启示[1]

新型农村社区建设还需要一个长期探索和实践的过程。因此，借鉴国外新型农村社区建设的经验，对推进新型农村社区建设有着重要的意义。

---

[1] 郭永奇. 国外新型农村社区建设的经验及借鉴［J］. 世界农业，2013（3）.

一、新型农村社区建设的国际经验

（一）德国"巴伐利亚试验"的成功经验

德国"巴伐利亚试验"的整个过程首先是在一系列详细的规划指导下进行的，这些规划不仅包括村庄发展的科学的总体规划和详细设计，还包括村庄发展的功能分区等。其次，在进行试点时，政府特别重视村（社区）的社会发展和环境的建设，将教育、卫生、文化事业与环境保护等放在非常重要的位置，以确保实现均衡发展。最后，在进行试点时，德国也对土地与农业在农村发展中的特殊重要性特别重视，并把"土地整理"作为村庄发展最重要的工作来操作。

（二）韩国的"新村运动"的成功经验

首先，韩国的"新村运动"基本运作模式是以政府积极引导与农民自主精神相结合的方式进行的。"新村运动"由村民选出的新村指导员进行领导，这些民选的指导员有热情、有干劲也有能力，而且还具备一定的技能。由他们带领农民，在政府的指导和帮助下制订计划并实施。

其次，韩国的"新村运动"的实施是以基础设施建设与增加农民收入相结合的方式实现。韩国的"新村运动"在把道路的扩张、桥梁的架设、农用耕地的整理和农业用水的开发等作为农村基础设施建设重点的同时，又因地制宜地开辟出城郊集约型现代农业区、平原多层次精品农业区、山区观光型特色农业区，这大大拓宽了农民增收的渠道，增加了农民的收入。

最后，在"新村运动"过程中，政府将村庄分为基础村庄、自助村庄和自立村庄三个级别，并根据村庄的不同等级，采取不同的政策进行分类指导，而且在实施过程中比较尊重村民的意愿，以解决最实际的问题为出发点。

（三）日本的"市町村"大合并的成功经验

日本的"市町村"大合并首先是在全国一体化的规划和开发体系指导下进行的。为了缩小城乡之间的差异，日本政府非常重视对农业的保护，先后制定了很多政策和法规，以扶持日本农业的发展。其次，大力发展农民组织，通过农协来维护农民的权利。日本政府还颁布了《农业协同组合法》，将农协这一民间组织转变成为正式的组织机构，使得广大农民的权利得到法律保障。再次，为了推动城乡交流，日本政府还鼓励城市居民，利用农村资源建设的属于城市居民的"市民农园"。为此，日本政府还制定了《市民农园整备促进法》，推动"市民农园"的顺利实现。

二、国际经验对我国新型农村社区建设的启示

通过对国外相关实践的分析，可为我国新型农村社区建设提供以下几点启示：

（一）新型农村社区建设应因地制宜

各地推进和建设新型农村社区建设时应根据各自的资源禀赋、区位优势和经济发展水平来进行，如农村工业化、生态农业、观光农业发展等社区建设。

（二）准确定位新型农村社区建设的主体

从德国、韩国和日本的建设实践看，政府只是新型农村社区建设的配角，在建设中做好引导、统领、服务作用的角色，而农民才是新型农村社区建设的主体。如何能够更好地调动农民自主意识和积极性，最重要的是将与农民生活最密切、农民最关注的问题放到首位工作上来抓，如就业、教育、社保、低保、医疗等方面享受的待遇。

（三）真正解决农民的增收和富裕问题

从上述的建设实践可以看到，国外在把道路的扩张、桥梁的架设、农用耕地的整理和农业用水的开发等作为农村基础设施建设重点的同时，又因地制宜地开辟出城郊集约型现代农业区、平原多层次精品农业区、山区观光型特色农业区，大大拓宽了农民增收的渠道，增加了农民的收入。

（四）加快新型农村社区建设相关法律法规的建设

新型农村社区建设要依法推进。从德国、韩国和日本的建设实践看，他们在这方面的成功主要建立在民主法治的基础上，其涉及新农村建设的每一项措施都是以法律的形式确定或者是有法可依的。目前，我国的新型农村社区建设

的法律法规还不够健全，如农村集体建设用地无法入市，这在一定程度成为农民在办理抵押贷款的障碍，由于缺少稳定的法律保障，目前的工作主要是靠行政推动的方式来进行，这些都阻碍了新型农村社区建设。

（五）加大财政投入和农业融资力度

纵观上述国家的农村建设中，都是以政府财政政策的支持和财政投入为后盾的。目前，我国各地在推进新型农村社区建设中基本的做法是采取市、县、乡三级财政分担，加上整合国家财政支农资金以及社会或私人捐赠的办法，这一做法仅适用于在试点阶段集中于少数社区，但长期以来，还是远远不够的。因此，必须建立稳定的财政支农支出增长机制，不断加大公共财政的支持力度，新型农村社区建设才能健康发展。

第三章 新型农村社区管理

当前新型农村社区是基于社区居民共同利益趋同下的实现自组织形态的主自治共同体。在新型农村社区的条件下，就需要建立一种新型的政府管理模式。法治型政府、参与型政府、阳光型政府、效能型政府都是基于人民主权为政府合法性唯一来源基础上的现代政府模式。效能型政府的设计体现了政府治国理政的经济绩效取向；参与型政府模式体现了现代政府的公共性、民主性和人民性取向；阳光政府模式体现了现代政府的公开性、民主性和大众性取向；法治型政府模式突出了现代政府的宪政性、合法性、程序化原则。各种现代政府治理模式之间虽有所区别，但它们之间更多的是相互渗透、互为表里、相互影响。现代服务型政府是对各种现代政府治理模式的整合与超越，是政府理性不断接近公共理性的表现，是一种更加突出公民性、公共性和服务性的现代政府治理的高级形态，是引导公民大众走向现代公共治理乃至"公民治理"的桥梁与纽带。这与传统乡村社会的村治是截然不同的。

第一节 从村民自治到新型农村社区建设

农村实施村民自治制度，在民主选举、民主监督、民主决策和民主管理等制度建构方面趋向成熟完善。但是，民主选举在村民自治体系中实现得较为充分，而民主监督等方面的制度设计并没有取得预期的目标。究其原因，就在于农村产权不清晰，这种模糊的产权设计和安排与农村集体产权的安排直接相关。农村集体产权安排意味着农村生产要素资源所有权归属于集体，但集体所有并没有在农民个体所有的层面上实现，这样，集体所有就演变成国家所有。

而国家所有并不属于地方政府所有，地方政府只是公民委托的管理机构，政府对于集体产权既没有所有权的地位，又不具有处分权。

新时期随着市场化的改革，农村社会生产要素资源的市场化配置越来越常见，从而衍生出诸多社会新的阶层，城乡人口流动的体制约束被弱化，农村流动人口大幅度增加，由此农村居民的社会生活结构由以往的自然村落让位于新型农村社区。农村社区居民在文化层面上所展示的行为倾向、价值判断和思维逻辑与传统村社明显不同。传统村社居民呈现出家族化小农的特征，其小农的生产生活结构决定传统村社的封闭和隔离属性。在对公共事务的决策和监督机制无法在传统家族化小农的社会结构中形成，同时也缺少必要的技术手段和社会化监督的空间。在市场化条件下，农村社区居民承载的生产要素资源能够实现自由的流动和配置，是以产权的明确界定和划分为现实前提和法理依据的。农村社区居民在处理政府与社区居民、社区居民之间、社区居民与外来居民之间的利益冲突时是以所有权与处分权相统一为基础的。农村社区在利益格局上产权清晰，居民的利益表达渠道就趋向专业化和市场化。农村社区服务的专业化和市场化是以居民消费者独立自主的交易地位和明晰的产权归属为基础的，由此农村社区居民在利益诉求的渠道方面有着法律、媒体、非政府组织和单位等各种渠道，从而农村社区居民在民主监督的政治和经济层面上也就有着相应比较有效的实现途径。

第二节　加强新型农村社区基层组织建设

新型农村社区在聚居形式、功能上既异于传统的村庄，又不同于小城镇，但将成为城乡一体化建设的基本单位和主要载体。正因如此，把农民组织起来就显得尤为必要。这不仅有助于改变农民长期处于一盘散沙的状态，而且有助于形成共同意识，发挥自治功能，并使个体在为更好地实现自身利益的同时能借助于组织的形式。因此，组织问题不仅影响着农村社区建设的长远发展，而且关系着农村社会的改革、稳定与可持续发展。

一、新型农村社区的组织建设现状

（一）农村社区的组织体系基本完善

新型农村社区大都建成了集行政办事、文化教育、医疗卫生等多种功能为一体，标准较高、服务内容丰富的农村社区服务中心，涌现出了一大批功能布局优、配套设施全的新型社区。在组织建制上，将村委会和农村社区合二为一，实现了村委会组织和农村社区组织的有机统一，避免了村委会和社区两张皮，使农村社区有了坚强的组织机构，基层的战斗力得到空前加强。现已普遍搭建起以党组织、社区居委会（社区管委会）为主体的社区组织体系，其中，党组织是领导核心，成员通过选举依法进入社区居委会任职，居委会在社区党组织领导下，抓好居民自治；合作经济组织在社区党组织领导下，促进农村资源资产化、资产资本化、资本股份化，形成集体经济与农民持续共享资源增值收益的长效机制；其他社会组织在社区党组织领导下按照各自章程开展工作。

新型农村社区组织中只有党组织、居委会组织相对成熟，其他如志愿者组织、物业公司、业主委员会等无论是在组织建设或是影响方面都还处于起步阶段，其承担的职能及管理方式既有别于城市，又不同于农村。总体上在向城市靠拢，但农村的影子还在。

（二）农村社区的组织建设日益加强

为适应农村发展的形势，新型农村社区逐步建立起党总支（党委）为主体、专业党支部为骨干、分类党小组为基础的新型社区党组织构架。同时顺应农民向居民、乡镇向城镇、村委会向社区居委会转变的趋势，及时调整农村社区党组织的设置，做到党组织与社区建制同步设置，党建工作同步开展，党员作用同步发挥。保障了农民的合法经济利益，巩固发展了农村集体经济，也增加了农民收入，维护了农村的稳定。

（三）农村社区的组织载体不断创新

在农村社区党建组织网络健全的基础上，为解决农村党员集中教育难、开展活动难、作用发挥难的问题，在党员中挑选思想素质过硬、综合素质较高、组织能力较强、有工作热情、愿意为党员群众服务，并能够提供开展活动场所的党员户作为党员中心户，负责开展理论学习；帮助群众解决实际困难和问题；引导党员参加无职党员设岗定责活动；积极协助基层党组织，引导党员群众以正当的渠道和合法合理的形式表达利益诉求，主动协调和化解各种矛盾纠纷，在维护社会稳定、促进农村社区建设中彰显先进性。在村民自治、民主决策方面，形成了村民会议、村民代表会议和村民小组代表会议三级民主决策机构，为搞好农村居民自我管理和自我服务，实现政府行政管理和社区自我管理的有效衔接奠定了坚实的基础。

二、新型农村社区组织建设中存在的问题

（一）社区居委会：权责不明、负担沉重

1. 职能转变不及时。新型农村社区中，组建了社区居委会来代替原有的村委会。但在大部分地区，改组后的居委会一方面仍旧履行着传统村委会的职能，即管理村级事务和本村村民，管理村经济组织，行政色彩较为浓厚，另一方面又增加了城市社区居委会的服务职能。导致有部分农村社区居委会还未实现由行政职能向服务职能的转变，无法按照社区的要求对社区进行有效管理。这主要是建立农村社区后，政府没有触动原有的利益格局和人事安排，没有把新改造的社区纳入到整个城市的统一管理体系当中，将社区事务留给原来的村组织自行解决。而且农村社区居委会在经费来源上比较模糊，原来的日常管理、相关经费都是由所在村承担。

《中华人民共和国居民委员会组织法》规定，居民委员会的工作经费和来源由人民政府拨付；公益性设施由当地人民政府统筹解决。而村委会在履行行政管理职能时并没有得到国家财政补贴，公共事务、村干部的工资等方面的支出也主要由村集体经济承担。农村社区建立后，组织建设中的路径依赖导致合作社仍要承担政府目前尚无法解决的社区部分市政建设投资和社会事务管理，这也是为何社区居委会仍管理集体经济的原因之一。

2. 自治职能不明显。有些农村社区中党政这两个组织的主要领导高度重合，表现在社区中的党委书记同时身兼社区居委会主任，党委副书记同时也是居委会副主任；另有一些社区在人员设置上虽重合不多，但社区居委会主任是由普通党委委员兼任的。这种人事安排虽能避免以往在其他地方出现过的农村两委关系紧张的情况，但在实际运转中很难保证职能清晰、权责分明，很有可能出现党组织有绝对话语权，而居委会则沦为办事机构甚至形同虚设的情况。

3. 村民不能按自己的意愿选举和任免自治组织的领导。作为自治组织的居委会，实际运行中并未向真正的农民自治组织转变，在直接选举居委会成员时，主要领导实行等额选举，少数成员实行差额选举，以此确保由村民选举产生的社区居委会成员同乡镇政府内定的人选一致，这在某种程度维护了一些乡镇政府领导人的权威，也有利于乡镇政府对居委会的掌控。但从农民的角度而言，他们仍然无权真正按自己的意愿选举和任免自治组织的领导，村委会作为自治组织的属性也大打折扣。

4. 工作负担较沉重。从调研情况看，现在农村社区的负担同几年前还未经过改革的城市社区居委会一样沉重。各级各部门对农村社区的指导也多，涵盖了公安、司法、组织、民政、财政、劳动和社会保障以及文化、教育、体育等十多个部门，每条线的工作最后都落实到社区，因此进入社区的工作较多，有的部门工作进社区要么仅仅挂一块牌子；要么只分配工作，不下拨相关工作经费，增加了社区居委会人员的工作量，社区工作人员的反应较大。而且，居委会的组成结构庞大，工作内容冗杂。很多居委会下设了各种办公室，如物业管理办公室等。居委会大包大揽，角色错位，工作超重。

(二) 农村合作经济组织权责不明、层次较低

以农村社区股份合作社、土地股份合作制和农民专业生产合作组织为主要形式的经济组织，是发展新型集体经济与促进农民增收相结合的有效途径。其中大多是靠政府部门推动成立的。各种股份合作组织不仅存在产权封闭性特征，而且存在着交叉任职和政经、政社不分的现象，从股东的资格确认、股权设置到股份分配，都主要以户口为标准，限制在社区范围内，社区外的个人和法人不能进入，社区内的股权不能流出。股权不能买卖、转让、继承、抵押。

合作社把产权量化到人，但社区的人是流动的，新增人口与已流走人口的股权问题未能得到妥善解决。还有些经营性或服务性的农村股份制合作社是交叉成立的，社长或总经理也是由镇（街道）、村（居委会）负责人兼任的。这就无形中将政府的行政职能、社区自治组织的职能以及经营性合作组织的职能混合为一，造成政经、政社不分的现象，这在相当程度上会影响农村股份合作社的规范运营和持续发展。

我国的《农民专业合作社法》已于2007年7月1日正式实施，它从法律上确立了农民专业合作社的法人地位。但是，它把一些经营性的农村社区股份合作社、土地股份合作社和各种富民合作社排除在外，导致其他合作经济组织虽有组织形式但没有合法身份，对外开展经营活动有一定困难。另外，在发展方式上，各种农民专业合作组织有的是产前合作，有的是产中合作，有的是产后合作。这与农民合作经济组织的国际发展趋势不符。

（三）社区民间组织发展缓慢

长期以来，政府在农村社区工作中处于发动、组织、安排等全过程介入状态，社区中的大量事务都由政府直接包揽或派给社区承担。因而，一方面社会组织发育不良，能够承接公共服务的社会组织非常缺乏。从社区中那些因共同兴趣爱好或者为保护农民自身利益而形成的自发性组织来看，不仅组织数量少，规范化程度低，而且功能单一，社会参与力弱。而且由于组织的自发性及农民自身的社会意识、文化程度的局限，很难在组织内部产生合理的制度规范，造成了作为社区建设主体的广大农民，基本上游离于社区公共事务和公共活动之外。

另一方面，政府对自己办不好、办不了的事项，因为不放心等原因，也不敢、不愿交给社会组织去承办。而且，政府对农村社区中该类组织缺乏相关政策的扶持，再加上内部的组织分工与合作缺乏内生性和规范性，造成组织内部分工缺乏科学性，许多还是粗放式运作。结果，发展处于盲目状态，影响力不够。另外，这类组织的法律性质多数属于非营利性实体，也有的属于群众组织。这些组织在法定地位和法律援助方面，仍然非常薄弱。除了农村社区自治组织有专门的法律规定，再加上颁布不久的农民专业合作社法外，其他大部分农村社区组织没有可以依据成立和运营的专门法律条款，超过一半的农村社区组织在成立和运营过程中没有获得过法律咨询或援助。

三、新型农村社区组织建设的对策建议

搞好社区，增强社区的凝聚力，促进社区发展，必须以社区党组织为核心，以农村居民自治为基础，加强社区组织的配套建设，同时要以集体经济为依托，增强社区组织的聚合力。

（一）规范定位社区居委会职能

1. 确保社区居委会的自治性。居委会作为自治组织拥有法律上的保证。在实际操作过程中，主要可以从两方面来解决。一是要弱化行政主导型社区管理的惯性，努力实现政府行政管理与社区自我管理的有效对接、政府依法行政与社区依法自治的良性互动，实现政社分开与政社协调的统一，使社区真正从国家领域中分离出来，回归到社会领域，逐步进入自我管理、自我教育、自我发展、自我监督的有序状态，成为基层社会治理的重要一员，这取决于整个社会治理的架构安排和合理化变革的进程。二是直接选举约束，将居委会成员的任免权完全交给社区内的居民，这是保证居委会自治性的关键所在。这对于从农村社区转化而来的新型农村社区来说，直接选举是有基础的。当居委会的领导是由居民直接选举产生而不是由上级政府部门安排的时候，居委会在做出决策时才会真正对本地村民负责，把维护和增进农民的利益放在首位。[1]

2. 推进居委会的规范化建设。使居委会有精力、有能力、有条件、有保障地全身心投入并做好职责范围内的社区服务工作，引入社区服务的理念。改变过去农村基层组织重管理轻服务的思想和做法，树立以人为本、服务群众的意识。把服务群众作为农村社区建设的切入点和突破口，不断满足群众的合理要求，提高群众的素质和生活质量。通过服务，增强社区的凝聚力和社区工作的活力。建立健全社区准入制度，严格控制名目繁多的达标升级活动。建立基层政府和有关部门的各项工作进社区的准入组织和准入程序，经过准入后进入

---

[1] 周国平，徐成华．苏州新型农村社区组织建设实证研究 [J]．唯实社会纵横，2010（8）．

社区的工作，社区居委会要积极予以协助。切实精简台账，鼓励建立电子台账。试行逆向考核，由社区居委会考核上级部门的服务职能有没有延伸到社区、做得怎么样，然后将考核结果反馈给各市（区）相关部门。

（二）规范运作农村合作经济组织

1. 明确股份合作经济组织的法人地位。鉴于已实施的农民专业合作社法未能涵盖目前各种类型的新型农民合作组织，也未能对各项扶持政策有具体规定，因此，市委、市政府、市人大应就制定出台有关地方性的实施细则和管理办法进行调研听证，以明确各类农民合作经济组织的性质、法人地位、市场主体资格及服务范围，明确各类农民合作经济组织的主管部门、登记机关的具体职责，以促进各类农民合作经济组织规范有序的发展。

2. 改变农村社区股份合作社的运作模式。可用规范的公司制来改造农村社区股份合作社，使其适应现代市场经济的竞争，同时活跃农村市场。这样，一方面，农民理所当然成了真正意义上的股东，可以名正言顺地维护自己的利益了。这时股东代表大会才有其实际意义，由它选举产生的董事会、监事会才能更好地代表股东的利益，从而真正做到民主监督、民主决策。以此将社区股份合作社的行政色彩逐渐淡化出去，政社完全分开，互不干涉，各司其职。另一方面，能有利于打破社区的封闭性、高福利性，促进股权合理流动。从而引入了激励机制，可以促进公司的发展。再加上股份有限公司的股东（社员）又可能是社区企业的职工，为了使自己获得更多的收益，就必须努力工作使资产增值，有利于激励广大职工股东创造效益。

3. 提升农民专业合作经济组织的发展档次。支持有条件的农民专业合作组织向联合型、开放型、多功能型的企业型组织发展。政府及有关部门应积极引导和帮助农民专业组织向国际公认的合作制准则靠拢，建立健全各项管理制度，提高其运行质量，并积极支持有条件的农民专业合作社拓展功能，逐步向一体化合作发展。应加大资金扶持力度，建立市、县的专项扶持资金，每年安排一定数额的财政资金作为贷款贴息，为农民合作组织的商标注册、农产品认证、品牌推广、市场开拓等提供必要的资金补贴。

（三）规范发展社区民间组织

1. 抓规范促发展。针对目前相关法律不完善的情况，可由市相关部门出台一些促进、扶持民间组织发展的相关文件，从而使社区民间组织工作能够规范运行。可适当降低登记门槛，简化程序，依托社区民间组织联合会、安全社区跨界组织等载体，对不具备法人条件的组织实施备案管理。大力培育社区生活服务类的社会组织，支持和鼓励社区居民成立形式多样的慈善组织、群众性文体组织、科普组织和为老年人、残疾人、困难群众提供生活服务的组织。

2. 抓发展促提高。通过开展丰富多彩的文化活动引导建立各种民间公益性组织，如老年健身操、妇女健身舞、民族歌舞活动等；组建乡村文艺演出队，根据个人的兴趣和爱好，吸收具有文艺特长的村民参加，可以在平常及节日时开展演出活动；结合实际开展丰富多彩的特色文化活动，例如播放电影、搭台唱戏、文艺演出等，丰富群众文化生活，营造和谐氛围。结合新型农村社区的建设，在文化设施和载体建设方面采取乡镇统一规划。投资大的项目以乡镇为单位建设，投资小的项目以社区为单位建设。形成社区特色，实行项目互补，避免重复建设而造成设施及资源的浪费。

第三节 完善新型农村社区社会保障体系

发挥社会保障服务功能是推进新型农村社区建设的关键所在。充分发挥社会保障服务功能在新型农村社区建设中的作用。

一、新型农村社区社会保障体系建设现状

围绕目标，深入调研，强化措施，狠抓落实，以建设中心村劳动保障工作站为抓手，以推进统筹城乡就业和统筹城乡养老保险为重点，着力完善城乡一体化就业政策体系，积极建立城乡养老保险制度，促进了城乡一体化建设工作的顺利开展。

（一）统筹城乡就业工作

1. 多方协调，强化措施，乡镇劳动保障平台建设工作取得较大进展。各

级劳动保障部门在新型农村住宅社区（中心村）建立社区劳动保障工作站。

2. 大力开展送培训下乡和送信息入户活动，加强对中心村居民的职业技能培训和鉴定工作。加强农民工培训定点学校资质的认定，并搞好技术服务，引导职业培训机构规范办学行为，加大教学投入，提高教学质量，开展针对性强的职业技能培训和农民工职业技能鉴定工作。对中心村劳动力实行双"优先"活动：优先对中心村劳动力进行职业技能培训，提高他们的就业技能；优先向中心村劳动力提供用工信息，使其尽快向二、三产业转移。适时组织用工企业到较大的中心村举办招聘会，使中心村劳动力与用工企业面对面交流，双向选择，实施岗位对接。

3. 大力推进农村贫困家庭系统工程建设。建立农村贫困家庭劳动力资源信息库和市、县、乡三级就业帮扶长效机制，并积极协调通信公司降低通信费用，减少系统运行成本，无偿为农村贫困家庭提供技术支持。

（二）建设城乡养老保险制度

1. 借鉴和学习外地市的先进工作经验及成功做法，建立新型农村社区城乡养老保险制度。

2. 按照试点先行的办法，结合城乡经济发展的实际情况，开展城乡居民养老保险试点工作。

3. 为确保试点社区居民参加养老保险工作取得实效，并展开调研和相关测算工作，通过详细论证，拟定工作规划，细化实施方案，制定社区居民参加养老保险缴费的不同标准。

二、新型农村社区社会保障制度建设存在的问题及表现

由于社会保障服务在新型农村社区建设过程中功能的发挥还处在积极探索阶段，不可避免地存在很多的问题，主要表现在：

1. 县（市）、区劳动保障事务所的人员、场地、经费、编制还没有彻底解决，直接影响了新型农村住宅社区劳动保障工作站的建设。

2. 各项工作发展不平衡，一些行动较快的县（市）、区，新型农村住宅社区建设工作已有了实质性进展，而有的县（市）、区还只是停留在会议上、文件上和口头上。

3. 农村劳动力就业观念有待于进一步改善，中心村劳动力普遍存在"小富即安"的思想，挑拣就业岗位，不愿参加职业技能培训；农村劳动力职业技能培训所设置的培训专业和工种不够合理，不适应农村劳动力和市场需求；定点培训机构师资、教学力量薄弱，学校在设施设备、原材料等方面不愿意投入，培训质量难以保证。

4. 小额贷款担保政策宣传还不到位，不少有创业愿望的人员对小额担保贷款政策不了解。

5. 农村养老保险在推进中还需要上级财政加大资金的支持力度，没有上级财政资金的支持和补助，各县（市）、区财政难以承受，将不能有效将试点工作向全市纵深推进。

以上问题的存在，将严重制约着社会保障服务在推进新型农村社区建设中功能的发挥。

三、新型农村社区社会保障建设的思考

为了强力推进新型农村社区建设工作，充分发挥社会保障的服务功能，在今后工作中，应当做好以下几方面的工作：

1. 各级政府在推进新型农村社区建设的过程中，进一步加大财政资金的投入力度。

2. 充分利用电视、电台、网络、报刊、广告等媒体的舆论宣传作用，进一步加大宣传力度，让更多人了解政策，让政策深入人心，使更多的人能享受到国家的优惠政策。

3. 加强基层平台建设，抓好乡镇（街道）、行政村（社区）劳动保障服务体系建设，重点解决个别乡镇劳动保障工作机构有名无实、人员不专职、隶属关系不明确、承担任务繁杂的问题，尽快适应统筹城乡就业工作的需要。进一步完善市县两级人力资源市场基础设施，在所有乡镇建立人力资源市场，建

立"'金保'工程网络系统",形成城乡一体的公共就业信息网络体系。

4. 完善城乡一体职业培训体系,统筹规划建设公共实训基地,引导社会各类培训机构参与城乡劳动力技能培训,合并或合作办学,打造拳头专业和名牌学校。积极探索职业培训项目化运作模式,增强培训的针对性、适应性和有效性。加大培训督导力度,建立培训退出机制,对不合格的学校取消其培训资格。尽快落实鉴定补贴,使鉴定工作得以顺利进行。

5. 以创建全国创业型城市为契机,培育创业主体,搭建创业平台,以创业带动就业。在全社会掀起"想创业、敢创业、会创业、创大业"的高潮,形成全民支持、全民参与的良好局面。同时,以农民工返乡创业为起点,强力开展对返乡农民工的创业培训,对有培训需求的返乡农民工,开展短期、中期农业实用技术和二、三产业技能培训,进一步落实鼓励农民工返乡创业的政策措施,提高其创业能力,拓宽农村居民的就业渠道。

6. 按照新型农村养老保险覆盖全国10%的县(市)的总体要求,大力推进城乡居民养老保险试点工作。充分发挥以点带面的示范典型作用,全力推进城乡居民基本养老保险工作。

从覆盖率来说,新型农村社区养老福利政策存在内容失衡、地区失衡、社区失衡;从供给主体来说,养老福利服务的供给主体比较单一,养老福利机构供给中社会和市场的参与不足,养老福利各体系的供给主体未能形成合力;从政策效果来说,养老福利补贴的补贴额度低,养老福利服务的效果欠佳,养老福利机构的满意度不高,养老福利各体系的效果不尽如人意。

因此,完善新型农村社区养老福利政策需从以下三个方面入手:一是创新供给方式,实现共同养老;二是健全供给内容,提升养老福利服务;三是强化政府保障,健全养老福利服务体系。

第四节 推进新型农村社区社会管理创新

新型农村社区管理是指各级政府、市场类企业、社会组织和广大农民管理和规范农村社会组织、社会事务,培育合理的农村社会结构,调整农村社会的利益关系，回应广大农民群众的诉求，化解农村社会矛盾，维护农村的社会公正和社会秩序，建设经济社会以及自然之间协调发展的农村社会环境。主要内容是农村公共产品提供和公共事务管理。

一、充分继承已有的组织和制度遗产

已有的组织和制度遗产既包括基于血缘的宗族关系网络，基于地缘而自发生长的非正式公共事务治理制度，也包括人民公社时期遗留的村组架构（当前演变为党支部—村委会）。传统社会组织主导型社区管理模式充分利用了基于血缘和地缘关系的组织和制度遗产，强集体主导型社区管理模式充分利用了人民公社时期遗留的集体制度遗产。这两种农村社区管理模式正是因为充分利用了已有的组织和制度遗产，所以取得了比较理想的管理效果。因此可见新型社会组织主导型农村社区管理模式也要立足于农村社区原有关系网络和组织架构，以便比较顺利地开展工作。

积极发挥农村基层党组织的领导核心和战斗堡垒作用。农村基层党员和普通农户的联系最为紧密，能够及时捕捉他们的需求，发现生产生活中的问题。基层党员和党组织也是能够联系村级组织和普通农户的重要中介。要把那些农村精英和能人吸纳进入基层党组织，更好地保证其为农户服务，为社区整体利益着想。

二、发挥政府主导作用，加强投入

加强集体主导型农村社区管理模式，农户参与程度高，利于实现社区内部平衡，管理效率高，组织性强，但是弱集体主导型农村社区管理模式在上述四个指标的表现都不令人满意。所以政府要加强农村基层政权建设，特别是村级组织建设，扶持村集体经济，维持整个村政运转。要让村集体成为凝聚和领导农村社区的核心力量。另外，政府要加强农村社区建设，直接为农村提供基本公共服务，加强农村基础设施建设。农村社区管理一定要充分利用原来各级政府条线部门，加强对农村社会的服务、管理、控制和协调。

三、积极培育并完善新型农村社会组织

农户的组织化除了依靠原来传统社会组织和集体组织架构以外,还要充分培育新的农户组织化载体,即新型农村社会组织。

1. 大力发展农村专业经济合作组织,真正按照《中华人民共和国专业合作社法》的具体章程,做到专业合作社集合作性、组织性和农民性于一身,做到名实相符,真正带动农村经济发展。

2. 大力发展民间非营利组织。主要包括社会公益、慈善类组织,比如老年人协会、计划生育协会、农村志愿者协会、金融信用合作组织等。

3. 扩大综合农业协会试点范围。成功推广已有综合农协发展经验。

4. 激活各类群众性组织,比如民事调解委员会、群众治安理事会等。

四、发展壮大农村集体经济并加大国家对农村反哺力度

"巧妇难为无米之炊"是一个基本常识。农村社区管理需要一定的物质基础,其来源主要包括国家投入和村庄集体经济。国家投入部分主要是最基本的农村公共产品,比如农民社会保障、农村社区基础生产生活设施等。国家对农村从汲取到反哺的转变,为创新农村社会管理提供了新的契机。

同时,地方政府还应鼓励农村因地制宜发展村庄集体经济。周建明等人的研究表明,尽管近年来国家对农业、农村的投入大幅增加,但是全国大部分的村级组织仍处于入不敷出的状态,无法承担落实科学发展观各项建设要求。继而指出,农村基层各项建设必须同时依靠国家财政和农村集体经济并重的"两条腿"走路。发展农村集体经济,需要中央和地方政府出台支持和保护农村集体经济的具体政策文件,特别是对农村集体经济用于村庄公共产品部分应先免除部分税收。

第四章　新型农村社区规划

第一节　新型农村社区规划的由来

社区规划是伴随世界性的社区发展运动而产生的。20 世纪 60 年代以来，各国根据自身不同的国情，丰富了社区规划的内涵。例如，在理念上，社区规划可分为温哥华模式和台湾模式两大典型流派。温哥华模式强调社区规划是一种规划的理念和方法，在理念上尊重和吸纳民间发展意愿，在方法上高度重视公众参与，同时可应用在任何类型的规划中。在我国台湾省，社区规划虽然也强调尊重基层意愿，关注公众参与，但它是一种以明确空间边界的社区为对象的物质型规划类型，目的是以社区物质环境的改善促进社区团结，推动社区可持续发展，并为此专门建立了社区规划师制度。

在工作组织操作模式上，当今的社区规划还可分为政府主导型和民间自发型两种。前者由政府统一组织，提供经费，自上而下开展社区规划。后者则纯粹由民间社区根据需要自己委托开展，作为自治自理的参考，甚至在有的时候，还作为与政府进行沟通和争取社区发展权益的手段。社区规划工作在我国开展较晚。在原有计划经济体制下，社区在社会发展中的作用受到忽视，直到 20 世纪 80 年代，在民政部组织下，呼应行政体制改革的趋势，开展了全国性的社区建设运动，但缺乏规划界的介入，尚不成为真正意义上的社区规划。进入 21 世纪以来，随着"公民社会""和谐社会"等理念的提出，民生问题和社区民主自治得到高度重视，与之紧密相关的真正意义上的社区规划也开始逐

步开展。❶

最初，我国典型的社区规划工作主要在大城市的成熟社区进行，但随着对社区概念了解的深入，以及宏观形势的发展变化，尤其是随着"建设社会主义新农村"口号的提出，规划师的工作触手逐渐伸向小城镇和农村。农村新型社区最早出现在经济发达的沿海地区，例如，自1985年以来，江苏省昆山市先后动迁农户8394户，撤销行政村5个，减少自然村208个，建立了15个新型农民社区。后来逐步在全国各地试点，其中比较有特色的河南省新乡市新型农村社区规划建设最近被作为典范向全国各地推广，新型农村社区规划开始在全国各地迅速展开。

【案例】

从集约利用土地资源和改善民生的角度看，农民集中居住确有其必要性，但在建设资金不足、试点政策不完善、失地农民利益补偿与社会保障机制等尚未建立的情况下，新型农村社区建设并不具备全面展开的可行性。但不少地方政府出于土地利益的需要，以新型农村社区建设的名义，通过城乡建设用地增减挂钩政策"以地生财"，盲目推动拆村造城的新型农村社区建设。

调查显示，全国平均每六个村就有一个村在经历"新型农村社区化建设"，其中72.3%始于2008年及以后。从全国范围看，新型农村社区化建设已经从试点走向全面铺开阶段，建设热点已经从江苏、浙江、山东等经济发达的东部省份，转向河南、安徽、陕西等中西部省份；建设重点已经从城郊结合部、非农产业发达的农村，转向城市规划区以外的不发达农村区域；已经有相当部分的县市基本实现了农村全域社区化。但一些地方拆并村庄后，农民扩大就业问题没解决，生产生活更不便利，不少地方村庄拆并不符合农民意愿。有的地方出现了一些不和谐现象，需要高度重视。因此，需要深入研究新型农村社区化建设面临的主要问题，并研究制定相应的解决对策。

---

❶ 钱征寒，牛慧恩. 社区规划——理论、实践及其在我国的推广建议[J]. 城市规划汇刊，2007(1).

第二节　新型农村社区规划中存在的问题

一、"千村一面"现象严重

即对城市住宅区的复制及新型农村社区各个规划方案之间的互为模仿。任何住区建设无外乎有这几种构成要素：文化氛围、自然生态基质和物质空间规划。其中文化氛围是社区最基本的存在，是不可也不能被复制的；文化可分为主体文化和主题文化；单从社区来讲，主体文化是指社区所指向社会属性，主题文化则是指社区地方特色文化。主体文化是社会多样性发展的基本保证，也是历史平稳继承的必要条件，更是社区规划建设的先决条件。所以乡村机械地照搬城市，只能迷失了乡村自己。主题文化是社区发展的生命力，是社区外在呈现的区别于其他社区的特有内涵，是社区发展的主导因素，也是社区规划建设的灵魂和核心。

二、不重视发掘村落文明

几乎所有的规划都忽略了乡村聚落感的存在意义，换言之，就是欠缺对村落文明的认知及考虑。维护好村落文明的汲取及历史传承，留住村落的"命脉"是保持新型农村特色的关键所在。保护及发扬在无形中就发展了村落个性赖以存在的载体。

三、物质空间规划编制体制的局限性

人口—规模—性质—空间布局的思维定式，是复制的主要原因之一，机械的功能分区只能导致低效率、千篇一律的城市架构。必须承认，在传统的以"规模—性质"为依据的规划体系中，对于"图—底"关系处理上，从来没有

重视"底"的健康。因此在当前新型农村规划编制过程中，开创和使用多元化的创新思维迫在眉睫。

第三节　如何做好新型农村社区规划

一、适应区域发展条件，促进农村经济发展

农村应努力把自己的发展方向与区域和县域经济的发展方向调整一致，借助区域发展的力量实现腾飞。通过规划，协调好新村社区自身经济与县域经济的关系，整合新村社区区位、交通、资源、环境等优势条件，从宏观层面为新村社区经济发展定位定性。同时，应加强其基础设施规划建设，注重挖掘社区自身经济发展及家庭经济发展的潜在条件。注意挖掘新村自身的经济价值，解决搬迁后农民的就业问题。新农村社区建设，绝不仅仅是一个物质规划与建设问题，新社区的形成与稳定发展，取决于新社区的活力与经济价值。特别是在迁村并点的过程中，彻底打破了村民原生态的生活与生产环境，在新社区规划中，不仅要改善农民的生活环境，还要从农村生产和就业出发，提供新的经济功能和就业机会，增加农民收入。

二、与新农村产业发展相协调

产业发展是社会主义新农村建设的重要支撑。新村社区的空间规划要从区域范围内着手分析其产业发展的前景，包括农业及其他第一产业的高技术产业化项目，二、三产业项目，现代农村流通业等。通过规划促进农村产业发展，是社区规划的一个新目标。

一方面，在社区规划中对县域规划中的产业发展项目进行落实，为农村产业发展提供充足的空间；另一方面，在农村住宅设计中，积极考虑家庭产业往往与新村产业相结合的特点，以及家庭自身产业发展的空间需求，适当采用增

加住宅的面积、设置独立的产业用房、增加庭院生产功能等方法，以适应家庭产业发展的需要。在公共服务设施规划中，强化产业发展配套设施的规划，重视农民生产培训的需求，规划设计教育培训场所；适当提高基础设施的建设规模和建设水平，保障农村产业发展的需求。

三、以集约利用土地为宗旨

从区域角度来分析新村社区的土地价值，提高整个社区土地的综合利用效益；在新村社区的规划中，要本着不同地段土地赋予不同使用功能的原则，使土地价值最大化；农宅占地的分配则应根据农户从业及兼业情况，综合考虑生活、生产的实际需求。有效集约利用土地。通过区域空间调整，提高土地利用的合理性，目前比较通行的调整方式是迁村并点和产业园区的合并。通过土地利用功能的调整，做到地尽其用，最大限度地节约土地，最大限度地提升土地的价值。通过迁村并点，提高居住用地的集约利用水平。利用节约土地，创造新的经济价值。对于节约的土地，可以进行产业开发，建设集中的工业园区，促进农村经济发展；也可以进行商业开发，建设商业街，提高农村的区域地位和农民的生活水平。同时，对于新村社区的规划用地，也要注重挖掘不同地段的经济价值。

四、延续乡村及地域的自然人文特色

新村规划应突出乡村特色、地方特色和民族特色。既要与新村周围的自然山水环境有机融合，保护好有历史文化价值的古村落和古民宅，又要注重延续地域原有的建筑文化特色及乡村旧有的空间格局、特有的民俗文化活动。随着城市风貌的趋同，乡村担负着传承我国地域、乡土文化的重要载体作用，在新村规划中，应对其地域、乡土文化仔细研究，反复推敲，并逐项落实到新村的空间布局、景观规划、活动场所设计以及建筑风格和功能设计之中。使新村既成为自然环境的有机组成部分，又发挥出延续地域乡土文化的积极作用。规划应保持传统村落原有的自然和地域特色，例如在浙江省绍兴县新未庄的详细规划中,就提出保留并整治原有水系,将绿化、广场、水系等多种空间元素与原有村落机理有机整合,组成伸缩变化、收放有序的开敞空间。

五、尊重村庄伦理结构

新型农村社区往往由原来的几个自然村同时迁村并点,或以一个村为基础,其他几个村迁入组成。在新村规划中,应挖掘出自然形成的村庄社会秩序安定、人情较浓的社会伦理特征,尊重原有村庄的相对独立性和完整性,将市政基础设施和社区公共服务设施与统一规划,完善配套。在农村社区规划时,要注重规划休闲和交流的公共空间,并与自然环境相结合,合理配置以乡土树种和果树为主题的公共绿化。以方便村民的休闲交往,利于开展乡土民俗文化活动,从而增强农村社区的凝聚力,推动新型农村社区文化事业发展。使搬入新型农村社区的农民在提高生活质量的同时,尽可能多地体会到原有熟悉的生活氛围,从心理上产生满足感。避免了迁村并点可能带来的社会问题,利于社区安定,成为构建和谐农村社会的重要组成部分。

六、与农村生产活动相结合

新型农村社区既是农民生活的场所,也是农民生产的场所。因此,其规划应充分考虑农民生产活动。

首先,在新型农村社区规划中,对于以务农为主的村落,新型农村社区的选址要兼顾与耕地之间的交通距离,并要组织好两者之间以步行为主的交通联系,做到既便捷、又安全。同时,要合理配置新村的产业发展空间,注重配套设施的共建共享、资源的循环利用等,便于村民开展生产活动。

其次,由于农村的社区规模较小,新型农村社区规划应充分考虑农民生产活动的空间需求,提供更多的混合空间。例如商业空间与居住空间的混合、养殖空间与居住空间的混合、家庭生产空间与居住空间的混合等。在交通规划中,应该充分考虑生产活动的交通需求,考虑生产性车辆的停放(包括流线组织和停车空间的设置),做到既安全方便,又与村民的生活互不干扰。

最后，随着农村生活水平的提高，新型农村社区规划也要考虑私人机动车的发展需求。在农宅设计中，要考虑庭院经济的场地、家禽家畜的养殖场所、家庭的生产用房等需求。

七、以改善居民生活为目标

新型农村社区规划首先要通过科学选址，避免承受大的自然灾害。其次，在微地形的处理上，要注意避免极端的地形。同时，尽量减少对自然生态的破坏。在新型农村社区规划中，应通过社区合理的规划居住用地，设计优美的景观环境，配置完善的市政基础设施和公共服务设施，设计符合农民生活习惯的农宅；新型农村社区的住宅设计，绝不能照搬城市的别墅和多层住宅，而是应从农民的实际需要出发，体现农村的生活特点，反映农民家庭生产的需求，考虑农民对新住宅的购买能力和使用时所能承受的生活支出水平。并通过节能技术的采用，最大程度地降低农民生活成本的支出，达到改善居民生活的目标。

八、注重环境友好、资源节约

新型农村社区规划应尊重自然生态环境，与自然界和谐共生，包括合理的社区规划选址，适当控制容积率、建筑密度及日照间距系数等规划技术指标，科学的社区建筑规划布局，以及社区规划建设中新技术的大量应用。同时，注重资源节约，在适宜地区积极推广沼气、秸秆气化、小水电、太阳能、风力发电等清洁能源技术，加快农村能源建设的步伐。建设节约型社会是我国"十一五"期间社会发展的主要目标，也是新农村建设的主要目标。在这里，"节约"并不意味着仅仅是节省，而应该强调建设的效率和资源使用的合理性。农村社区社会和经济的发展必须保持在资源与环境的承载能力基础之上，要体现农村社区的发展效率，最大限度地以较少的资源消耗获得最大的经济社会效益。

第五章 新型农村社区经济发展

建设新型农村社区要优先发展农村经济，尤其要优先发展适合本地区的经济。

第一节 加强新型农村社区农业基础设施建设

农业基础设施建设是农业生产发展的基本要求和关键环节。因此，大力加强农业基础设施建设，促进农业结构调整和科学技术推广，推进农业生产经营方式创新，使农业更多地具有现代化品质，成为新型农村社区建设的必然选择。

农业基础设施建设是指在自然再生产与经济再生产交织进行的农业生产过程中所必须投入的物质与社会条件有机整体的总和。它由两方面组成，一是指农产品生产过程中所必需的但是不直接参与物质产品生产的一些物质条件。这些物质条件包括灌溉和公共水利设施、道路、运输、贮藏、销售设施等。二是指为保证农业生产过程正常进行所为其提供服务的非物质条件以及社会条件，包括农业研究和试验机构、土壤保持机构等。前者是保证农业发展的物质条件，后者是保证农业发展的社会条件。这两方面建设的好坏直接关系着我国农业现代化道路的实现。

因此，新中国成立以来，中国不断加强农业基础设施建设，改善农业发展的条件。进入21世纪后，党中央每年以"一号文件"的形式进一步强调了农业基础设施建设的重要性，并采取了一系列措施加强和完善农业基础设施建设。

一、国外农业基础设施建设的实践及经验

(一) 农村公路建设实践及经验

美国是典型的城乡一体化的国家,农村的环境和生活条件与城市没有太大差距,这与美国四通八达的公路网密切相关。2000年美国的乡村公路达到300多万千米,发达的交通缩短了乡村和城市的距离,并且影响了美国农产品的销售形式。美国80%以上的农产品采取产地直销的模式,正是得益于便利的交通运输条件。美国政府在乡村公路建设中发挥了领导作用,地方政府是公路建设投资的主体,通过财政拨款和征收公路税筹措资金。联邦政府设立了专门的公路主管部门,对全国的公路实行统一监管,各州的交通运输管理部门负责本州区域内公路的建设、维护和管理。

美国的乡村公路建设建立在政府财政资金雄厚的基础上,对于财政资金并不充裕的发展中国家而言,这种模式不具备可推广性,而韩国新村运动则提供了一种利用有限的资金加强农村公路建设的途径。20世纪70—80年代,韩国为改变农村的落后面貌,改善农民生活条件和农业生产环境,发起了"新村运动",而兴建和改造农村公路则是"新村运动"的重点内容。资金主要来源于政府拨款和农民集资,由于当时韩国政府财力有限,政府投资农村公路建设项目多采用实物和技术支持形式,提供钢筋、水泥、石材等原料,每个农户约能获得35美元的物资补助[1]。从绝对数额来看,韩国政府的补贴不是很多,但却取得了很好的效果。因为这些资金全部都用于农村公路建设,使农民获得了实在的好处,激发了农民参与建设的积极性,并且吸引了社会资金,使实际投入的资金额远远超过政府拨款。同时,政府还为包括农村公路在内的农村基础设施建设提供低息贷款,并安排技术人员进行技术支持。1971—1975年,韩国共兴修农村公路61 717千米,村级公路基本覆盖了全国。

---

[1] 陈建安. 中韩日自由贸易协定(FTA)的可行性及其经济效应[J]. 世界经济研究,2007(1).

(二) 农村电力建设实践及经验

由于农村电力负荷分散、用电水平低，再加上农村电力设施供电线路长、损耗高、投资回报率低，因此各国的农村电力设施建设基本都是由政府出资，由政府主导推进农村的电气化进程。在北美洲，普遍实行由政府和电力企业共同管理的模式，近年来在一些国家还出现了由农民组建的电力合作社，使农村用电设施的使用和管理模式更加多样化。

加拿大的农村电力设施都是由政府修建和管理，加拿大联邦政府设立了国家能源管理局和核电安全委员会，作为全国性的电力设施管理机构，负责调配全国的电力输送。各省政府的公用事业管理局是地方性的电力设施管理机构，负责本地区内电力设施项目的规划和修建，而电力企业则负责具体的电力输送和经营。加拿大重视农村电力设施建设，将农村电力设施规划纳入国家的电力建设项目，根据农村地区的居住人口、用电水平、消费能力、融资状况等，设计便于当地使用和维护的电力设施，充分保障农村居民的用电权利。农村电价执行与城市相同的标准，由于农村供电成本高于城市，因此政府给予电力企业一定的补贴。

美国拥有世界上电气化程度最高的农村电力设施，1935年美国政府启动农村电气化项目，旨在改善农村地区电力供应严重不足的问题，在农村广泛建立由农户联合组建的电力合作社，依靠农民的集体力量加快提升农村的电气化水平。农村电力合作社是一定区域内的农民自愿组成的民间组织，共同参与本地区的农村电力设施建设和维护。农民缴纳很少的会费就可以加入农村电力合作社，成为合作社的股东。合作社在管理上采用现代股份制企业制度，由成员推选代表组成董事会，作为合作社的最高领导机关，制定合作社规章、批准使用资金，成员对合作社的经营和人员任免拥有投票权。合作社的利润除购置设备、偿还贷款、日常维护外，截留一部分作为流动资金，其余按投资比例返还给成员。如今农村电力合作社的供电线路已占全美供电线路的1/2，为超过2500万农户服务。

美国政府在农村电力合作社的组建和运行中发挥了引导作用。首先，政府为农村电力合作社提供了法律和政策支持，在1933年出台的《田纳西流域管理法》中明确规定,政府有责任为农村电力合作社提供资金,对合作社的营业收入免征所得税。1936年又颁布《农村电气化法》,规定政府对农村电价实行补贴,使农村电价低于城市。其次,美国建立了完善的农村电力供应及管理系统,农业部下属的农村电气化管理局是最高的政府管理机构,为农村电力合作社提供直接贷款或作为担保者向银行借贷,各州政府也有相应的农村电力合作社管理局,对农村电价进行监管,批准农村电力建设项目,并限制私人电力企业进入农村电力市场。美国农村电力合作协会(NRECA)统一领导全国1 000多个电力合作社,在全国46个州拥有分支机构,是具有重要影响力的非政府组织,为成员提供技术支持、培训、保险等服务。

(三) 农村饮用水设施建设实践及经验

20世纪70年代,发展中国家70%以上的农村人口没有安全稳定的饮用水,因缺乏饮用水或饮水不卫生导致疾病的现象非常普遍。发展中国家的农村饮用水设施基本都是由政府出资修建和管理,农民只承担购水费用,结果导致农民对饮用水设施的运营和维护漠不关心,大量的农村饮用水设施因为缺乏维护而荒废。而在发达国家,农村饮用水设施实行社区管理制度。这种管理制度是以农村社区为核心,通过充分满足农民的用水需求,并将设施的所有权给予农民,从而调动农民参与农村饮用水设施的设计、建设和维护,同时利用农民自筹资金减轻财政资金的压力。

北方邦是印度水资源比较匮乏的地区,30%的居民处于严重缺水的状态。由于传统的供水模式没有考虑该地区居民的实际用水需求,农民拒绝支付用水和维护的费用,使得1/3以上的饮用水设施没有发挥作用。1996年,印度政府开始在北方邦推行农村饮用水社区管理制度改革,可以看作是发展中国家农村饮用水管理制度变革的典型代表。印度在该地区将农村供水设施的所有权和管理权下放给各个以村庄为基础的社区,政府拨款和来自世界银行的贷款不再由政府统一支配,而是交给社区自主安排,政府只承担监管的职责[1]。

印度北方邦的每个村庄都成立了供水与卫生委员会,由村民推选代表担任委员会成员,负责本社区饮用水项目的计划与论证,向社区全体成员公布,在

---

[1] 李明权,韩春花. 韩国已签署FTA中的农产品贸易规则分析[J]. 东北亚论坛,2010 (4).

取得一致意见后负责项目的实施和后期维护，并在全社区开展饮用水安全知识的宣传和培训。社区需要自筹约10%的项目建设资金，其余资金来自政府补助和世界银行的贷款，所有资金的使用必须接受政府部门的监督。由于社区成员参与了饮用水项目从立项、实施到维护的全过程，用水需求在项目中得到充分的体现，成员筹集资金和参与建设的积极性很高。在社区和政府的共同监管下，保证了资金使用的合理性和透明性，提高了资金的使用效率。而且在这一过程中，社区成员的卫生习惯得到极大的改善，安全使用饮用水的知识被广泛传播，反过来促进了农村饮用水设施的科学使用。

（四）农田灌溉设施建设实践及经验

农田灌溉设施是农业生产的基本条件，也是农业增产增收的重要保障，因此农田灌溉项目在各国的农业基础设施建设中都占有重要地位。南亚的尼泊尔是典型的季风气候，农业生产对水资源的依赖性很强，但季风气候使得全年的降水极不均衡，因此农田灌溉设施就成为农业发展的必备条件。而尼泊尔农业机械化程度较低，缺乏大型灌溉设备，地区性的供水网络也没有建立起来，全国70%的农田灌溉设施由农民组织管理。这种农民组织是农民自发成立的非正式组织，通常设立一个主渠委员会，下设多个支渠委员会，每个支渠委员会由农民选举出一名主席，主席、委员会成员以及支渠的全体农民共同制定管理规则，对全体成员具有约束性。主渠委员会负责在各支渠之间分配水资源，在季风季节水资源充足时，保证供水覆盖所有支渠；而当水资源紧张时，主渠委员会将实行轮换制度，上游河渠和下游河渠轮流获得供水。在灌溉设施的维护方面，每个农民都要承担维护义务，检查水渠并进行必要的修补，维护费用由农民分担，政府不提供补贴，对于不参与维护的农民，将被处以罚款。

由于水资源在尼泊尔被视为农民的共同财产，因此农民都是免费使用，这也使得农民重视保护水资源，农民自发组织管理农田灌溉设施具有较强的群众基础。同时，这种管理方式使农民获得了极大的自主权，农民参与制定用水规则，既调节了农村用水制度，使其更加符合农业生产的实际需求，也加强了规则的约束性和可执行性，农民在相互合作和相互监督中共同维护规则的权威。水资源轮换制度充分考虑了本国水资源丰缺不定的特性，根据上下游的实际情况进行灵活的调配，维护了用水制度的公平性，也有利于农民合理地安排农业生产。

（五）农业基础设施建设的财政支持措施

在农业基础设施建设方面，发达国家政府给予了大量的资金支持，除了财政直接投资以外，还通过信贷、税收等财政支持手段，以较少的财政资金，引导和鼓励更多的投资主体参与农业基础设施建设。

1. 财政直接投资。

在日本，大型的农业基础设施完全由中央和地方政府投资兴建，中小型农业基础设施建设一旦通过审批，中央财政就会承担50%的资金，都道府县和市町村财政分别承担25%和15%，农民仅须承担10%左右。日本政府还对购置农业机械、建造农用设施等提供补贴，50%的资金由中央财政提供，25%由都道府县财政提供，其余25%还可以向银行申请低息贷款。

2. 低息贷款。

美国设有专门的农业政策性金融机构，即农业信贷管理局和农民家计管理局，这两个机构的资金主要来源于政府，通过市场化运作提供给农业基础设施投入者使用。农业信贷管理局包括3类不同的信贷银行：一是联邦土地银行，主要是提供不动产抵押贷款，期限在5~40年，利息较低；二是联邦信贷银行，主要是为农场提供用于生产周转、购买农业机械和土地改良的中短期贷款，利率在3%~10%；三是合作银行，主要为流通领域的农业供销合作社提供贷款。日本政府主要通过农协发放低息贷款，政府对利息差额部分实行补贴，若贷款无法收回，政府将补偿农协的损失。[1]

二、新型农村社区农业基础设施建设存在的问题

新型农村社区建设中的基础设施分为以下三类：直接为农业生产服务的农田水利设施，包括水库、河道、机井；为农民生活提供服务的设施，包括公路、沼气池、自来水管道和水塔、电网、互联网、有线电视网络，这一类大多

---

[1] 范利君. 国外农业基础设施建设的实践及经验 [J]. 世界农业，2014（3）.

是有偿收费的；为提高农民文化和身体素质服务的设施，包括乡村学校和幼儿园、乡村卫生医疗点、乡村休闲娱乐小公园、老年人活动中心等。农村基础设施建设是支撑农业和农村经济社会发展的"硬件"，也是新农村建设和解决"三农问题"的重中之重。当前，新型农村社区基础设施建设方面还需要解决以下问题：

（一）政府公共财政资金的投入不足

目前，农村社区基础设施建设的资金主要靠国家、上级政府的财政补助。在"吃饭财政"的严峻形势下，地方财政无力拿出更多的资金来参与农村基础设施建设，建设的需求与资金的需求之间的矛盾很突出。例如，受国家政策因素的影响，"村村通"工程基本上已经告一段落，剩余没有完成的农村道路，如果属于"村村通"道路，将不再享受国家财政补助，而是通过"一事一议"的形式予以解决。如果属于行政村内部的道路，要靠群众的筹资。当然，个别农村长期在外工作的"官员"也会通过自己的社会关系，为家乡基础设施建设争取国家财政资金，予以援建。例如，农村的涉农资金相对来说比较分散，相关部门缺乏联席办公机制，对农村基础设施建设各自为政，往往是"眉毛胡子一把抓"，难以形成合力，缺乏统筹安排，尤其农田水利设施的建设相当滞后。

（二）农民参与农村基础设施建设的积极性不高

20世纪80年代农村改革以来，农民已经形成"重单干，轻合作""重个体，轻集体"的习俗，再加上在新农村建设的过程，存在一些乡镇、村干部偷工减料、变相贪污等行为，因而，在农民收入水平、农业生产经营等方面存在极大差异的情形下，必然导致不同的农民对基础设施建设的需求不同，有些农民参与的积极性不高。例如，在修建农村道路的过程中，农民所被占用的农田得不到有效补偿或者补偿很低，出现征地纠纷。再例如，长期在外务工、经商的农民很少关心农村的公益事业，耕地面积小的农民也不会花费大力气和资金去建设农田水利建设的。一句话：事不关己高高挂起。

（三）农业基础设施历史遗留问题太多

农业机械化水平还很低，农业发展处于"瓶颈"状态。经过多年的努力，农业基础设施建设取得很大的进展，但是还存在一些问题：一是20世纪80年代以前所兴建的农田水利设施年久欠修，不能有效地满足农业的灌溉、防洪、排涝，服务农业生产的功能明显减弱；二是山区的农业基础设施建设更是步履缓慢，大部分农田处于靠天吃饭的状态，人畜饮水还很困难；三是农业机械的普及力度还很小，尤其山区、丘陵地区。在平原地带，夏收基本上实现农业机械化，但对于玉米等秋作物的播种、机收，则机械化的普及力度还很小，如何在山区丘陵地段因地制宜地引进中小型农业机械的任务还很艰巨；四是农村有效耕地面积持续减少，耕地质量明显下降。一些农民在自家耕地里私占宅基地；工业"圈地"没有认真执行"增减挂钩"的土地政策；农民长时期、大量使用化肥导致土地板结、有机质含量低，耕地质量明显下降等。

（四）农村道路建设质量不高

道路的养护、管理跟不上，工程建设"指标"随意下调，"断头路""泥巴路"仍是农民心头之痛。目前，大部分农村道路已经修建成水泥路，这种道路往往由农村建筑队来承包或者被层层发包，再加上出现个别基层干部与承包商一起私自下调工程指标、偷工减料等现象，不可避免地出现道路设计不合理、结构不合理、质量不太好的情况。当前，一些山区、丘陵地段的农村还没有像样的水泥道路，"断头路""泥巴路"还不时出现，这就给农民的出行、生产带来诸多不便。另外，农村道路养护机制还不健全或者空白，缺乏养护与管理，毁坏情形较为严重，尤其，在一些拉沙、拉煤车辆长时期超载的碾压下，这些水泥路面很容易形成犬牙交错的裂缝。农村水泥道路的寿命一般在10~15年，之后，往往会在原有道路的上面再铺一层水泥路，这样势必会抬高路面，不利于农村的生产生活。

各种服务体系还很不健全，制约了农村经济的进一步发展。主要表现在：一是乡镇文化站、村文化室形同虚设，要么没有活动场所，要么没有活动的器材、书刊资料等，要么没有活动内容，有的村庄建设了面积不小的文化大院，可一直闲置着；二是农村的村卫生所整合不到位，村医基本上都在自己家里行医；三是农村的幼儿园还很缺乏，不规范，基本上也是农民在自己家里开办，受过教育的幼儿教师还很缺乏；四是农村的金融机构、邮政机构、农村科技服务站等社会化服务机构还很少,很多农民办理汇款、邮寄信件等业务还需到乡镇政府所在地,十分不方便。

三、如何加强新型农村社区农业基础设施建设

加强新型农村社区生产性基础设施建设是农业和农村发展的有力支撑,加强农村生活性基础设施建设是缩小城乡生活水平的重要举措,加强生态环境性基础设施建设是保护农村环境的长效保障,加强农村社会发展基础设施建设是打破城乡人才流动壁垒的有效方法,更是实现我国长治久安的根本保证。为此,建议国家采取一系列过硬措施,大力加强农村基础设施建设。

（一）国家高度重视农村基础设施建设

把全面加强农村基础设施建设作为当前及今后一个时期"三农"工作的重中之重,从政策、投入等方面给予强力支持。制定出台全面加强农村基础设施建设的优惠政策,大幅度增加财政投入,设立专款专户,做到专款专用,着力解决政策优惠和财政投入不足等问题。

（二）确保支持农村基础设施建设的相关政策落到实处

农村基础设施建设投资规模大,但当前的农村基础设施项目运营情况都相当恶劣,资金使用极不规范,资金存在巨额缺口,损害群众利益的事件时有发生；同时农村基础设施管理机制落后,资金只重投入不重管理的现象普遍,因此,应完善农村基础设施建设相关的立法,确保专项资金的使用安全；建立有效管理机制,跟踪管理维护、调查测评农村基础设施建设的使用及维护情况,确保相关资金、政策产生应有效用。

（三）健全和完善农村环境设施建设

环境设施建设在农村基础设施建设中问题最为严重,农村污水和垃圾绝大多数未经处理就随意排放和堆放,对农村环境造成了严重的污染,甚至影响了农村饮水安全,因此在今后很长一个时期应把污水处理、垃圾集中处理等农村环境设施建设放在重要地位。同时,加大对建立和健全农村环境保持长效机制的财政支持力度,确保农村环境设施完备、长效保持机制健全、环境改善效果

显著。

（四）重视道路建设

经过几年的建设，我国的农村公路已初具规模，初步解决了百姓出行难的问题，但仍存在路网结构不合理、公路修建标准低、养护维修资金不足等问题，为此农村道路建设仍要长抓不懈不放松，特别是应探索和建立农村道路建设和养护多元投入机制，破解日常养护和定期维修资金难等问题。

（五）实施农村饮水安全工程

由于农村污水和垃圾的无处理排放，农村环境也受到了不同程度的污染，加之广大农村饮水仍以自挖水井为主，既造成了资源浪费，也使农村饮水安全难以保证。为解决这一问题，在加大污水和垃圾处理力度、减少污染的同时，也应深入实施自来水户户通工程，实现农村饮水统一净化、集中供水，既实现资源的集约利用，也达到饮水安全的目标。

（六）推广和实施农村清洁能源和民居改造工程

农村的燃料仍以柴草、煤炭为主，取暖仍为普通燃煤锅炉，造成农村存在一定程度的空气污染并日趋严重。为此应加强对生物质节能炉具、秸秆固化综合利用以及沼气、太阳能节能房等新能源、新技术的推广利用，积极引导农村能源结构的转变。加大对农村新建或改造节能民居的补助力度，引导农民建设太阳能取暖房，减少污染源。

（七）鼓励民营企业投资农村基础设施建设

把民营企业作为全面搞好农村基础设施建设的重要载体，通过政策引导、财政扶持、税收减免等优惠政策，鼓励、引导和支持大型民企投资农村（如制定对投资农村基础设施建设的民企实行免税10年的税收减免政策），充分调动民企投资农村的主动性和积极性，既要充分利用民企的资金，更要注重利用民企现代的管理理念，特别是在污水处理净化、垃圾处理利用、新能源开发利用等方面充分发挥民企的重要作用。支持和引导一批有实力的企业当好农村基础设施建设行业的排头兵。大力完善农村基础设施建设，搭建好城市与农村协同发展的通道，保护好农村特有的生态环境，进一步推进农村基础设施建设实行市场化运作、产业化经营，以实现国家引导、企业投资、群众受益的最终目标。

国家发改委在"十三五"时期将着力加强农业基础设施建设，继续把农业农村作为中央预算内投资和专项建设基金支持的重点领域，深入推进农业农村改革，全面推进新型城镇化和新农村建设，集中资金用于全局性、基础性、战略性的重大工程，确保农业农村投入力度不减弱、总量有增加、重点建设任务不打折扣。加快推进水利工程建设，积极引导社会资本参与重大水利工程等建设运营，力争到2020年172项重大水利工程全面开工建设。实施藏粮于地、藏粮于技战略，以保口粮、保主产区、保耕地、保产能、保大户为重点，着力推进高标准农田建设，力争到2020年建成高标准农田10亿亩。加快现代种业发展，力争到2020年建成区域性粮食良种繁育基地100个。

第二节 加快新型农村社区农业科技创新与推广

科学技术是第一生产力，农业科学技术水平决定农业生产力水平，农业科技进步程度决定农业现代化程度。新中国成立60多年来特别是改革开放30多年来，我国农业农村发展取得举世瞩目的成就，农业科技发挥了关键支撑作用。2012年中央一号文件突出强调加快农业科技创新，把推进农业科技创新作为"三农"工作的重点和发展现代农业的根本支撑，出台了一系列含金量高、打基础、管长远的政策措施。这是党中央、国务院科学把握现代农业发展规律做出的重大决策，是新形势下加快推进工业化、城镇化与农业现代化同步发展的重大部署。当前，贯彻落实中央决策部署，加快推进农业科技创新与推广，大力推动农业科技跨越发展，对促进农业增产、农民增收、农村繁荣具有深远意义。

一、中央一号文件高度重视农业科技创新与推广

2012年中央一号文件突出强调农业科技创新，把推进农业科技创新作为"三农"工作的重点，作为农产品生产保供和现代农业发展的支撑，在我国农

业科技发展史上具有里程碑意义。这是党中央、国务院科学把握现代农业发展规律，立足当前、着眼长远做出的重大决策，是新形势下加快推进"三化同步"、促进现代农业发展的重大部署。

（一）关于农业科技创新问题

中央一号文件进一步明确了农业科技的定位、定性和定向。在农业科技的定位上，文件明确指出，实现农业持续稳定发展、长期确保农产品有效供给，根本出路在科技。要坚持科教兴农战略，把农业科技摆上更加突出的位置。这就进一步指明了，我国已到了必须更加依靠科技进步促进现代农业发展的历史新阶段。在农业科技的定性上，文件明确强调，农业科技具有显著的公共性、基础性、社会性，要大幅度增加农业科技投入，保证财政农业科技投入增幅高于财政经常性收入增幅，逐步提高农业研发投入占农业增加值的比重，建立投入稳定增长的长效机制。这就进一步明确了在农业科技上，政府要发挥主导作用、财政承担主要责任的基本政策取向。在农业科技的定向上，文件明确强调，面向产业需求，着力突破农业重大关键技术和共性技术，切实解决科技与经济脱节问题。这更加明确了农业生产要依靠科技、农业科技要服务生产的要求，明确了农业科技创新的方向。按照这一要求，我们要坚持以产业需求为导向，切实解决科技与生产"两张皮"的问题，大力推进农业科技与农业农村经济的融合。中央一号文件关于农业科技的定位、定性和定向非常令人振奋，非常鼓舞人心，必将激励农业科技人员安心工作、潜心研究、热心服务，对农业科教工作将产生巨大的推动力，营造更好的发展环境。

（二）关于农业技术推广问题

中央一号文件明确提出，强化基层公益性农技推广服务，要普遍健全乡镇或区域性农业技术推广、动植物疫病防控、农产品质量监管等公共服务机构，明确公益性定位，根据产业发展实际设立公共服务岗位；要进一步完善乡镇农业公共服务机构管理体制，切实改善基层农技推广工作条件，按种养规模和服务绩效安排推广工作经费。按照这些要求，我们必须充分发挥基层农技推广机构和人员在保障和支撑生产、引领发展等方面的作用，着力增强基层农技推广服务能力。要完善激励、评价考核机制，引导科研教育机构积极开展农技服务，鼓励科研教学人员深入基层从事农技推广服务。要大力培育和支持新型农业社会化服务组织，扶持各方力量广泛参与农业产前、产中、产后服务。

二、加快农业科技创新与推广的必要性

（一）发展现代农业必须加快农业科技创新与推广

加快推进现代农业发展的进程，必须通过农业科技创新和推广，才能在农业生产经营中采用先进的科技知识和生产手段，突破传统的农业经营方式，增加对农业科学技术、资本等生产要素的投入，提高农业集约化水平，提高耕地产出率、资源利用率和劳动生产率。

（二）增强农业抗风险能力、国际竞争能力和可持续发展能力

改革开放以来，我国农业发展取得了举世瞩目的成就。但由于人口众多、人均农业资源相对稀缺，农业生产条件和生产手段总体上还比较落后，还处于传统农业的生产经营条件下，与发达国家农业发展水平相比，在科技进步和创新、农业开发等方面还存在一定的差距，农业的抗风险能力、国际竞争能力、可持续发展能力还比较弱。正如党的十七大报告中指出的那样，我国"农业基础薄弱、农村发展滞后的局面尚未改变"。要缩小与发达国家农业发展水平的差距，改变当前农村发展滞后的局面，走出一条有中国特色的农业现代化道路，就必须按照高产、优质、高效、生态、安全的要求，加快转变农业发展方式，推进农业科技进步和创新，进一步提高自主创新能力，积极应用各种先进技术，优化农业结构，提高农业和农村经济综合生产经营水平和效益，增强农业的抗风险能力、国际竞争能力和可持续发展能力。

（三）加快农业科技创新与推广

当前，我国农业发展的各种制约因素日益凸显，继续靠增加自然资源投入来增加农产品产出的余地已越来越小。正如党的十七大报告指出的那样，"农业稳定发展和农民持续增收难度加大"。要打破日益严峻的资源约束，实现农民持续增收和农业持续稳定增长，根本出路在于加快农业科技创新和推广，加大科技成果的转化和推广力度，提高资源和投入品的利用率。

三、农业科技创新与推广的制约因素

（一）农业科技创新与推广的机构不健全

目前，乡镇机构改革后，人员得到了精简，农技站机构已不存在，人员也合并到了乡镇机关。这样不仅使县级农业部门对乡镇农技业务难于管理，而且有的地方政事不分，把农技人员当行政人员使用，农技站人员在业务上没有自主权，技术干部做行政事务的多，搞业务技术的少，直接影响了科研成果转化为生产力的进程。一方面，乡镇农技人员合并到乡镇机构，机构不存在；另一方面，村级农技员多年前就已被取缔，导致农技推广网点解散，农技推广工作"棚架"。

（二）农业技术创新与推广的手段不完善，人才缺乏

在农副产品日趋商品化和市场化的形势下，农户增收的愿望十分强烈，但农民引进新技术仅凭一些简单的听、看和有限的光盘资料，手段不够完善，发挥不出好的效果。农民又比较因循守旧，接受新技术、新事物的能力有限，所以新的科技成果转化为生产力的进程达不到快速的目的。只有发挥乡镇级农业技术推广的作用，建立一些试验田、示范基地，在农技推广技术人员的正确指导下，直观地向农民展示必要的效果，农民才会体会到更多的收获，才能大面积地推广使用农业新技术。

农技推广工作是一门科学，需要人才作为支撑。目前，基层农技人员的文化程度偏低。由于一些乡镇人员编制少，还有部分其他非农技人员顶替了农技人员，占了农技人员的编制，严重降低了农技队伍的整体素质。同时，农技队伍中接受继续教育的人数也在逐年下降，尽管他们通过多年基层实践积累了一定的经验，但在日新月异的科技发展时代，知识面与知识结构还不能适应农村经济发展的需要，存在知识老化现象。

四、如何推动农业科技创新与推广

（一）加快农业科教体制和机制的创新

深化农业科研体制改革，按照有利于科技与农业的有效结合，有利于农业科技创新，有利于新农村建设的原则，加快农业科研、教育、推广机构的体制创新、机制创新和管理创新，合理配置农业科研机构和高等农业院校的研究力量。充分利用现有基础，集中力量从事重大农业基础研究和应用研究。农业科研机构应逐步转变为科技型企业或企业集团的技术开发机构，建立起分别承担公益性职能和经营性服务的农技推广队伍，逐步形成国家兴办和国家扶持、无偿服务与有偿服务相结合的新型基层农技推广体系。

（二）加强农业科技创新体系和人才队伍建设以及科学技术的培训

1. 以实施国家科技攻关计划、国家自然科学基金项目、国家重大科学工程为依托，建成国家农业科研基地和产业综合研究中心，加强农业基础研究、重大应用技术研究和农业高新技术研究，尽快提高我国农业科技创新能力。

2. 吸引高层次的外国专家和科技精英开展合作研究，提高科技实力、人才优势和创新地位。

3. 加强基层科技创新体系和人才队伍建设。加大对基层农业科技创新和推广的投入，鼓励大学生、研究生到基层第一线工作，加强农村技术员的培养，逐步形成上下贯通的农业技术创新和推广网络格局，解决好农技推广工作在基层的"棚架"问题。

4. 加强对农技人员的培训，特别要注重鼓励他们到各类院校深造，进行知识更新，以适应现代发展的需要。

5. 利用农业广播电视学校、高等农业院校、中等农业院校、成人院校、农业职业学校、远程教学等资源，逐步建立起功能齐全、布局合理的农民职业教育培训体系和健全的培训制度，为全面实施各类农民科技培训工程奠定基础。

（三）加强农业技术引进力度，促进现有农业科技成果转化

一方面，以推动农业技术创新、高新技术产业化及增强我国农业技术储备

的前沿技术为主，以提高主要大宗农产品质量和效益的先进实用技术为主，以促进结构调整和农业可持续发展的相关技术为主，加大技术引进力度。

另一方面，以农产品商业化、促进农业可持续发展、加快工厂化农业发展为目标，加快农业高新技术及手段的引进，以提高我国农业高新技术研究能力和水平，增强科技储备和发展后劲。以形成新的经济增长点为核心，以抢占市场和提高经济效益、社会效益为目标，对一些具有产业化前景的项目进行工程化开发。如在种子（种苗）、种畜禽、疫苗与兽药、农药、肥料、饲料、农产品产后加工和节水灌溉技术及设备等方面，发挥龙头企业、近农产业等企业的作用，建成规模较大、科技含量较高的高新技术企业或企业集团，使其成为推动农业经济结构调整、优化品种、提高品质、增加效益的重要载体，进一步促进农业科技成果的转化。

（四）加强科技投入和资源配置调整，促进能源环保和生态环境建设

一是增加投入，各级财政每年按一定比例安排科技成果转化经费。有关部门每年拨出科教兴农专项活动经费和重大科技成果推广专项活动经费，专项用于资助科教兴农成果转化推广活动。

二是充分发挥市场机制在资源配置上的基础性作用。采取新举措，对现有农业科教资源在重点领域、方向和任务上进行有效配置和系统整合。

三是积极引导企业和社会力量投资农业科技产业，鼓励社会、企业设立农业科技创业基金。

四是争取金融、保险系统对农业科技投资予以倾斜，放宽农业科技贷款限制，加大农业科技风险投资力度。

五是扩大对外交流与合作，积极争取和吸引国际组织和国外企业投资我国农业科技、教育和生态环境事业。

五、农业科技推广的国际经验

由于农业和农业科技的特殊性，农业推广在任何国家都有重要的战略意义。为了确保本国的粮食安全和农业收入，全世界各国政府都对农业科技服务

与推广提供各方面扶持，制定相应的政策法律，保证农业推广的实施。国外的农业推广体系有各自的优缺点。以政府为主的农业推广体系，有稳定的队伍、充足的经费，能够与其他部门协作。但是其工作人员容易产生官僚的工作作风，不能很好地了解农民的需求开展服务。民办的推广体系，能够根据农民的需求提供技术服务，但是推广面比较窄，技术力量受到限制。各国的农业推广体系经过长期发展和演变，都是根据本国农业生产发展的需要而制定的，有很多好的经验值得我国借鉴。

（一）完善的法律法规体系和稳定的财政支持

好的农业推广体系建立在一个相对完善的法律法规体系基础上。各国都对农业推广体系的公益性职责有明确的法律规定，核心是提高农民的基本素质（包括管理水平、技术水平和组织化程度），推进农业技术进步、可持续发展和农村社会的进步。这些职能几十年甚至上百年不变，管理体制比较稳定。美国在合作农业推广体制的管理中，明确各级政府对推广事业的财政支持，确保不流于形式。日本于1948年建立农业改良普及所，由中央和地方共同出资，这一体制一直没有变化。国际上，大多数国家都在法律法规上对农业技术推广有明确规定，财政拨款的具体形式就是按月付给经费，包括推广机构的人员工资和必要的办公经费，由推广机构统筹使用。推广经费有三个来源：由中央财政负担、由中央和地方财政共同负担、由政府和农民组织共同负担。

（二）强化政府对农业科技推广的管理

各国都十分重视农业科技推广机构的管理，按照法律法规建立完善的规章制度，核心是保证推广人员到农户开展服务，充分履行职责，满足农户或农场主的需求。为了保障农业科技推广人员能正常履行职责，国外非常重视对农业科技推广人员的培训和继续教育，定期组织短期培训、学术报告、研讨交流会等，并重视推广人员之间的业务交流。把农业科研、教育单位的各种推广的理论总结和研究成果，包括农业经营与农村生活的新理念新思想、农业新技术、管理新方法等推广给农村社区，促进农民自愿接受和采纳，从而推动农村社区经济发展和社会进步。

（三）农民参与度提升

从单纯的技术传递到对农民综合素质的培训和咨询服务的提供，越来越多地强调农民的参与，并使农业科技推广的经费在各受益者之间合理分担，保证农业科技推广事业的可持续性和效果的提升。同时，农民对农业科技推广的要求也不断提高，农民从一个单纯的生产者转变为综合经营者，并开始追求生活质量和生活环境的改善。

（四）农业科技推广体系多元化发展

农业和农村发展的社会化服务是一个纷繁复杂的领域，包括生产、流通、生活、金融、保险、教育、卫生、医疗等方方面面，农业科技推广体系是多元化的。在庞大的农业与农村服务领域，政府推广体系是主导力量，对其他农业与农村开发服务组织有协调和影响作用。很多国家成立了中央、省（州）、县级的有关农村发展的委员会或联系会，来自政府、农民及农业推广体系等各种涉农企业和服务组织的代表参加，共同研究决定农业与农村发展的重大问题，其中推广体系发挥着重要作用。推广体系直接指导基层农民组织的发展，与农资生产和经销企业、农村信贷机构的关系十分密切。农业推广体系还承担着向农民传达国家农业政策、向政府反馈农民意见和协调农业农村各种服务的职能。

（五）农业科技推广队伍素质较高

国外对农业科技推广人员的素质要求较高，从录用到培训非常严格。如美国各州的农业推广专家，50%以上都有博士学位。日本和加拿大的推广人员都以专家为主。同时，推广人员队伍比较稳定，要经过严格考核，必须热心推广事业。推广工作实行责任到人、技术到户的制度。美国每个推广人员负责190个农户，日本每个农业普及员负责393个农户。

六、我国政府的农业科技推广政策

长期以来，我国都是实行政府主导型的农业推广政策。20 世纪 50—80 年代，农业推广主要依靠制定各种相关政策进行。1983 年，农牧渔业部通过

《农业技术推广工作条例(试行)》,规定要建立从中央到乡村的农业技术推广体系,包括各级农业技术推广机构的职责、人员编制、管理体制和奖励措施。1987年,农牧渔业部通过《关于建设县农业技术推广中心的若干规定》,提出了县农业技术推广中心的任务、检视要求、投资来源、管理体制、财务制度、经营服务和财产管理。到1993年通过《中华人民共和国农业技术推广法》,我国农业科技推广工作开始走向法制化轨道。

1993年颁布的《中华人民共和国农业法》明确规定,国家扶持农业技术推广事业,建立政府扶持和市场引导相结合、有偿与无偿服务相结合、国家农业技术推广机构和社会力量相结合的农业技术推广体系,促使先进的农业技术尽快应用于农业生产。同年颁布实施《中华人民共和国农业技术推广法》,对农业技术的范畴、农业技术推广的概念、国家对农业技术推广工作的领导等都做出明确规定。同时,对农业技术推广应遵循的基本原则、推广体系、技术的推广与应用、保障措施等做了明确规定。

国家积极支持农业科研单位、教育机构、涉农企业、农业产业化经营组织、农民合作经济组织、农民用水合作组织、中介组织等参与农业技术推广服务。推广形式多种多样,积极探索科技大集、科技示范场、技物结合的连锁经营、多种形式的技术承包等推广形式。推广内容要全程化,既要搞好产前信息服务、技术培训、农资供应,又要搞好产中技术指导和产后加工、营销服务,通过服务领域的延伸,推进农业区域化布局、专业化生产和产业化经营。要规范推广行为,制定和完善农业技术推广的法律法规,加强公益性农业技术推广的管理,规范各类经营性服务组织的行为,建立农业技术推广服务的信用制度,完善信用自律机制。

由于农业和农村发展的综合服务是一个庞大的领域,生产、流通、生活、金融、保险、教育、卫生等许多方面,政府不可能包办所有服务,这就需要政府推广机构与教育科研机构、农民合作组织、私人企业等多方面力量在推广服务中相互补充、相互协作。

第三节 促进新型农村社区农业产业化经营

农业的发展,农业产业化经营的出现,是农民的智慧结晶。从20世纪90年代的家庭联产承包及其他产业发展,到农村农业经营组织及制度的不断深入改革,普通农户的自助经营逐渐与市场对接,其管理更加合理,也为农户找到了更多的出路。在不断的探索与进步中,农业产业化经营展现了其不可逾越的强劲势头。

一、什么是农业产业化经营

(一)农业产业化经营的兴起

在农村农业经济不断改革的过程中,农村经济的发展及农业实现了三次跨越性改革。农村联产承包责任制的大力推广,逐渐将"人民公社"取代,加强了乡镇经济的进一步开发与支持,使农业生产经营体制不仅能够很好地被大家认可,也真正为百姓带来了财富。乡镇企业的迅速崛起,农村产业经济及农产品的深加工制作产业的进步,不仅扩展了农村的产业经济格局,还为农村的百姓创造了更多的经济增长方法。农业产业化的进一步探索与发展,帮助更多的百姓参加到这一行动中来,将农户周围及外地商户的经营范围变大,帮助农户生产的产品能够更加高效、高收益地获得更好的回馈。

(二)农业产业化经营的内涵

农业产业化经营主要是为了将自给自足的自然经济状态和系统的农业产销服务一条龙的方式相比较与区分而阐释的,"农工商一体化,产加销一条龙"是农业产业化经营的主要内容,欧美的一些先进国家将农业产业化经营称为农业一体化(agricultaral integration),也被叫作贸工农一体化。❶

---

❶ 胡耀华,黎明晖,熊瑜.农业产业化经营理论与实践研究[J].北京农业,2014(09).

（三）农业产业化经营的状况

20世纪七八十年代之后，中国的经济开始腾飞。农业方面主要施行家庭联产承包责任制，使中国农村经济得到了空前的进步，将农村经济的自主经营与市场对接，这是时代进步的必然结果。农业化经济组织发展壮大，使我国的农村经济与市场经济接轨，展示了其适应社会发展的强劲驱动力，将农村经济引入高潮。

二、农业产业化经营的基础理论

（一）产业经济理论

当前，我国社会主义市场中的传统农业发生了变革，取而代之的是农村产业化经营，这是农村产业经济中的一次历史性变革，它是社会发展的必然产物，顺应时代潮流的发展，也为产业经济、市场机制及制度经济理论的发展奠定了坚实的基础。

（二）产业组织生态理论

果实的成长要在相对应的环境中发芽、生长及壮大。当然，农业产业化经营组织也是按照这些步骤一步一步走到今天。对生物个体和它周围环境的交互性联系是生态科学的主要内容。产业组织和环境之间的交互性联系，是产业组织生态学的主要内容。在这样一个产业的组织架构中，就好似是将企业这些属性相似的生命体归结到产业下，这大环境下就出现了产业组织。

（三）制度经济理论

社会及组织规则的整体架构形成了制度，不管人们是否自愿接受或者被动接受，制度就是为了规范大家各种各样习惯的统一规则。组织规则和制度是不可分割的，它们相依而生，没有规矩不成方圆。社会大众的公共行为及个人的行为习惯都要受到制度中规则的约束；个人及社会对财产和公共设施物件的处理方式，也会对资源配置、人力资源及收入有一定的影响效果。

（四）市场机制理论

在当前市场经济的大潮中，农业市场分化更加细致，农业产业化经营就是之一，市场经济下的价值规律很重要。农户、农业企业单位及合作社在加入市场经济时，依据手中资源的实际价值和价格导向对产业进行选择，而这时的产品已不再是简单的物件，而是社会商品，属于地方市场，相互之间受价值规律影响。

三、农业产业化经营的构成要素

（一）扶持培育龙头经济

农业产业化将农业转变成为多种一体化的整体经济，也被称为龙型经济，只有"龙头"的带领，才能让企业更具规模和水平，使其职能被充分应用。所以，龙头企业的建设对将来农业产业化经营的实现有特别重要的意义。

（二）建立专业化商品生产基地

农业产业化经营的重点是生产基地的建设，龙头企业依靠它来维系农户及企业的未来发展。生产基地建设对我们国家的农业产业化经营有着举足轻重的作用。

（三）确立主导产业

完善主导产业能够为以后农业产业化经营奠定坚实的基础，其多方面的发展也会出现相应的问题。例如，区域开发重点、发展层次整理、开发有价值项目的定位、资源的优化配置等，这些工作需要考虑主导产业的相应调整。

社会在发展，时代在进步，农业发展的历史创造了今天美好的前景。从20世纪50年代农业产业化经营从美国出现，接着以迅猛的速度传向欧美一些经济发达的国家，农业产业化经营为国民经济带来了福利，各个国家的"农业产业化经营"形态各异，但都是以产业化为发展方向及手段，以农业产业化经营为手段实现经济格局转变。

四、如何提升农业产业化经营水平

（一）发展农业产业化经营要宣传好、引导好

县（乡）政府及产业化业务主管部门，要扎实地做好宣传工作。不能让

中心村"承包"宣传工作,要根据大局理念来合理布局与安排。绝不能随心所欲地定位主导产业,这样既缺乏理论依据,又缺乏市场基础。引导本区域内农业走上产业化的道路,不同的中心村适应农业产业化链条中的哪些环节,应认真加以剖析,大胆假设,小心求证。每一个中心村就是一个"器官",在健康发展的过程中,要强调协调一致,发展的根基要放在农业上,非粮化及非农化的农村产业现象会逐步让农民损失最基本的利益保障。而发展农业产业化经营的根本要领是让农民走上强身健体之路,走上现代农业的发展之路,用通俗易懂的语言向农民宣传"什么是产业""什么是农业产业化""什么是农业产业化经营""现代农业的发展趋势是什么"等内容。努力让农民理解传统农业与现代农业的发展方向。

(二)发展农业产业化经营要规划好、部署好

规划是先导,投入是基础,操作是关键,体制机制是保障。因地制宜地做好中心村规划是农村建设的重点工作,是理清思路、设计发展路径的基础工作。因此,要从有利于农业新技术推广与应用,有利于农业规模化、效益化、产业化的形成,有利于农产品深加工的发展,有利于土地的综合利用,最终有利于在一定区域内形成完整的产业链等方面出发,根据当地的自然条件及水利建设条件,科学制订中心村产业发展方案。

(三)发展农业产业化经营要示范好、管理好

加强中心村产业化经营必须建立标准化的示范基地,从基础设施建设到田间作物管理,要推广有序而绝不能贪大求洋,过分地标新立异。一定要立足根本,挖掘传统产业的发展基础。在农民乐于接收、易于操作的生产方式上加以转变,特别是已经定位"一村一品"的中心村,在经营项目上要更上一层楼,努力建立完整产业链并适度发展生产规模化、市场化、营养化和品牌化的安全农产品,逐步实现农业现代化。在起步的示范基地,要加强对农产品质量的监测与控制,确保在源头上保证农产品质量安全。

(四)发展农业产业化经营要对接好、服务好

国家鼓励培育多种形式的经营主体,但就中心村而言,不可能所有类型的经营主体都要培育。无论是培育种养大户、家庭农场还是发展合作社、建立龙

头企业生产基地等，都必须根据当地的实际情况、产业发展阶段、土地集中规模、产业形成基础等方面来明确中心村对接的方向与培育的经营主体。同时，为经营主体开展实质性服务，为其提供更加良好的发展空间和生存环境。

对难以培育经营主体的中心村，要加强农业招商工作，与各大农业经营主体对接，发展基地农业。还可适度引导投资农业的工商企业进入中心村的产业经营的合作方式，从而带动中心村的农业产业化经营。

(五) 发展农业产业化经营要流转好、流通好

农户承包地的细碎化是制约现代农业发展的重要因素。在坚持依法、自愿、有偿的基础上加强明晰产权、规范合同的土地流转是中心村农业产业化经营的重要工作，究竟是采取合同租赁、土地托管、土地入股、利润返还等经营方式，还是以自然村为基础或以中心村为基础开展土地流转，需要认真分析土地结构、劳动力结构、居民居住现状与土地整合的结构，要与中心村产业发展方向相结合，特别是利用现行的"三农"政策，有效地破解农村一户多宅的现象，使农户的老宅基地、现有空白地在产业发展过程中发挥重要作用。这是农业现代化发展的前置性工作。

在农业产业化经营的过程中，农产品流通是一个系统工程，县（乡）政府必须统筹安排，加强县域农产品专业市场的规划与建设。要从根本上完善农产品流通环节的建设。中心村要与县域规划保持高度一致，无缝对接，通过各经营主体的联结机制，加入或组建农产品物流协会，确保农产品安全有序流通。

(六) 发展农业产业化经营要指导好、培训好

发展农村经济就是要进一步解放和发展生产力，2013年中央一号文件的核心理念是推进"四化"、同步构建新型工农城乡关系、加快农业现代化步伐，而发达的农产品加工业是农业现代化的重要标志，也是推进和深化工业化进程的重要途径。中心村要大力提高农业科技化水平，农技推广人员要深入中心村和示范基地，为农业的产业化发展推荐合适的优良品种与技术操作规程，实地操作测量各种数据，实质性地指导各种农业生产配方的使用，生产出满足市场需求的优质农产品，为农产品加工业提供更加安全可靠的原料。同时，要

扎实做好农村新型农民培训工作、科学种植管理、规范管理、融产融市、信息互通等，为有效推动农业产业化经营提供智力支持，为农村建设与发展提供助动力。

第四节 发展新型农村社区劳动密集型产业

中国农村剩余劳动力多，且很多素质较低，资金、技术等要素相对稀缺，这是中国的基本国情。农村剩余劳动力对社会不仅不能产生效益，相反却参与社会收益的分配，这是造成农业劳动生产率低、农民收入难以增加的根本原因。国际经验表明，凡是人口众多、土地和资本稀缺的国家和地区，其产业结构都要经历由资源和劳动密集型向资本和技术密集型演进的过程。日本、韩国、新加坡、泰国、台湾、香港等国家和地区在工业化发展初期都是依靠劳动密集型产业起步和崛起的。我们应当借鉴周边国家的成功经验，立足于"劳动力成本低"这一基本国情和比较优势，来吸收资本、引进技术、换取其他资源，发展劳动密集型产业，才能够为大量的农村剩余劳动力找到出路。

一、劳动密集型产业的科学内涵

首先，对劳动密集型产业必须有一个科学、全面的认识。劳动密集型产业是与技术密集型产业相对的，是指在生产要素的配置比例中劳动力投入比重较高的产业。其基本特点是物化劳动消耗比重较低而活劳动消耗比重较高，产品的科技含量和附加值低。随着科学技术的进步和资本有机构成的提高，劳动密集型产业将逐渐被资金、技术密集型产业所取代。这是对劳动密集型产业的经典定义与传统的认识，因而一提到劳动密集型产业，很多人就认为是低端的传统产业或制造业；一提到产业升级，就是通过减少、剔除劳动密集型产业，大力发展资本、技术密集型产业。

现在看来，这是一种狭义的理解。广义的劳动密集型产业，是指简单活劳动占据主体的产业或生产环节，广泛分布在三次产业之中。或者说，从最广泛的意义来看,从整个国民经济来看,从社会劳动分工与就业来看,劳动密集型产业是指"简单活劳动"密集的生产领域、生产环节。

从工业化的发展规律来看,劳动密集型产业首先表现为劳动密集型制造业的扩张,但是不能就此认为,劳动密集型产业仅仅是低端制造业。随着工业化的演进,劳动密集型产业在内涵、外延上也会发生转型。当前,我国工业化总体上仍然处于中期阶段,劳动年龄人口中还有超过一半属于初中学历以下的低技能劳动力。

从农业来看,党中央提出要发展"两型"农业(即"资源节约型、环境友好型"的农业),我国农业的现代化必须结合传统精耕细作的优点与现代农业科技,实现适度的规模经营。显然,在人多地少的硬约束下,为了保障口粮安全,农业的发展仍然需要大量的活劳动。

从制造业来看,劳动密集型制造业必须转型升级,但是即使是中高端的制造业,也仍然有许多环节需要大量的活劳动,是简单劳动与复杂劳动的分工协作。制造业的升级需要增加高技能劳动力的使用,表现为研发设计能力增强、技术工艺水平提高,但是产品的生产制造、组装成品,仍然需要大量的活劳动。劳动密集型制造业的产品绝大部分是日常必需品,因此,对内来看,劳动密集型制造业是稳就业、促进居民增收的重要途径,是稳定与改善广大居民生活水平的重要基础;对外来看,劳动密集型制造业也有存在的需求。虽然经济危机导致外部总体需求下降,但日常消费品的需求具有刚性,欧美等发达国家居民的消费减少主要是高端消费的减少,日常必需品消费总体上变化不大。我国距离像美国这样的发达国家还有很长的路要走,如果我们过早地放弃制造业,包括劳动密集型制造业,"将犯历史性的错误"。

从服务业来看,城市化主要是城镇居民人口的增长,是社会劳动分工的深化、生活方式的转变,表现为服务消费需求的增加,尤其是生活服务业需求,其中有相当部分是属于劳动密集型。2013年年底,中央农村工作会议提出,到2020年要解决约1亿进城常住的农业转移人口落户城镇、约1亿人口的城镇棚户区和城中村改造、约1亿人口在中西部地区的城镇化。显然,没有足够的产业支撑,没有足够的就业岗位,很难实现这"3个1亿"的任务。

传统的工业化往往是用技术和资本代替劳动,而我国人口多、劳动力成本低，充分发挥人力资源优势是正确选择。实现资金、技术密集型产业同劳动密集型产业相结合，是当前以及未来较长时间内，我国新型工业化道路的特点之一。

二、劳动密集型产业是稳就业、保增长的重要基础

从劳动力结构来看，据《中国劳动力动态调查：2013年报告》显示，我国劳动力人口人均受教育年限为9.76年，受教育程度以中等教育为主。2013年全国就业人员76977万人，其中初中及以下学历的比重为70.3%，大约有5.41亿人，而大学以上学历仅为12.94%。这说明在16~60周岁的劳动年龄人口中，低技能劳动力所占比例仍然很高。政府提出要把就业放在第一位，我国每年新增就业人口1300万~1500万人，按已有经验来看，每年要实现1200万人的新增就业，城镇登记失业率控制在4%左右，GDP的增长率就至少要在7%以上。2013年，我国的GDP增长7.7%，其中第一产业增长4.0%，第二产业增长7.8%，第三产业增长8.3%。第二产业的增速总体与GDP增速基本持平，其中，纺织品、服装等七大类劳动密集型产品出口4618.4亿美元，占出口总值的20.9%，同比增长了10.3%，比全国GDP增速多出2.6个百分点。显然，我国在传统加工贸易产品领域仍然占有很高的国际市场份额。严格来讲，在出口贸易中劳动密集型的生产环节，还包括家电、一般机械等许多机电产品的劳动密集型区段，若加总起来计算，我国劳动密集型产品出口约占外贸出口总额的70%。

对于高新技术产业以及战略性新兴产业，固然必须大力发展，但并不意味着要替代传统产品。"只有落后的技术，没有落后的产品"，当前正确的做法是推动传统产业、产品不断提高档次和附加值，因为必需品是刚性需求，永远都有市场潜力可挖。虽然在我国外贸出口产品结构中，高科技产品比重已大大提升，但是我国企业参与生产的环节大部分仍然是劳动密集型的加工、装配环节。这说明劳动密集型产业仍然是我国稳就业、保增长的重要阵地。

从劳动密集型产业的分布来看，主要集中在小微企业。小微企业可以有效地实现以创业带动就业，因为它们绝大部分是属于劳动密集型的行业或环节，

需要大量的劳动力人口。据统计，小微企业数量占我国企业总数的97%以上，广泛分布在城市乡村，基本涵盖了国民经济的所有行业。其创造的最终产品和服务价值相当于国内生产总值的60%，提供85%的就业岗位，吸纳了全国90%的新增劳动力，创造了50%以上的出口收入和财政税收。显然，在资本密集型的重化工业产能普遍过剩的情况下，要实现保增长、稳就业的目标，就必须继续巩固发展劳动密集型制造业，加快服务业的发展。

三、劳动密集型产业是实体经济的重要基础

从我国的劳动力结构来看，劳动密集型传统产业仍然是我国经济发展的重要基础。马克思说过："如果一个国家的工资和土地价格低廉，资本的利息却很高，因为那里资本主义生产方式总地说来不发展，而另一个国家的工资和土地价格名义上很高，资本的利息却很低，那么，资本家在一个国家就会使用较多的劳动和土地，在另一个国家就会相对地使用较多的资本。"我国地域大、人口多，各地发展程度不一，低技能劳动力仍然占据主体，必须全面深入推进对外开放，继续充分利用好"两个市场"。不管是在当前还是未来较长的时期内，劳动密集型产业都有其存在的现实基础，是我国实体经济发展的重要基础。

欧美等发达国家在完成工业化向后工业社会转型时，把大量的劳动密集型产业转移出去，即"去工业化"，结果在经历全球金融危机后，虚拟经济的虚假繁荣与房地产的泡沫破裂，导致了大量失业人口的产生，社会问题丛生，危机四伏。因而危机爆发后，欧美等国相继纷纷提出了"再工业化"的战略。这说明实体经济才是社会的财富之源，是经济稳定、繁荣的根基。"无粮不稳，无工不富"仍然是一个普遍、强有力的法则，因此只有在巩固工农业发展的基础上，才能实现服务业的快速发展。产业结构转型升级不等于放弃劳动密集型产业，在今后较长时期内，我国就业压力仍然非常巨大，仍然需要大量简单活劳动密集的就业岗位。

当前，我国实体经济发展的环境有恶化的趋势，一方面与国际需求减少有关，另一方面也说明我国经济结构失衡度偏大，有"脱实就虚"的倾向。现

实的情况是，传统产业与产品的生产仍然具有较大的发展空间，而大量的金融资源却被错配，导致企业融资难、融资成本过高。地方政府片面发展重化工业、片面"造城"，过分依赖举债投资与建设，挤占了实体经济发展的要素资源，不仅恶化了实体经济发展的环境，而且高负债率、房地产泡沫化加剧，进一步加大了经济结构的失衡。因此，必须巩固好实体经济发展的根基，尤其是劳动密集型产业的发展。

四、劳动密集型产业并非最大的"污染户"

很多人一提到劳动密集型产业，就为其简单地贴上"高消耗、高污染、低效益"的标签。当然，劳动密集型产业中有不少行业或领域或多或少存在着环境污染的问题，比如纺织、造纸、印染等，如果加快对这些污染较为突出的行业的改造治理，劳动密集型产业从总体上看，污染程度相对较小。而真正的污染大户是重化工业，诸如火电、水泥、钢铁、化工、有色金属、废塑料加工、金属表面酸洗、电镀等行业，都是空气污染、水污染以及废弃物排放的大户。这与我国处于重化工业发展阶段有必然联系，也与我国整体的技术水平不高、资源利用率偏低、经济结构失衡等方面有关。

目前，我国能源效率总体仍然偏低，"高投入、高消耗、高污染"的发展方式在总体上仍未改变。我国单位 GDP 能耗是世界平均水平的 2.5 倍，美国的 3.3 倍，也高于巴西、墨西哥等发展中国家。我国重化工业，除石油、天然气、铁矿石等上游产业供给不足外，大多数行业的生产能力大于市场需求。2009 年中央开始实施"四万亿投资"计划，重点振兴十大产业，其中大部分是重化工业以及部分战略性新兴产业。从"四万亿"流向来看，除了一部分流到房地产外，大部分都流向了重化工业，尤其是"两高一资"产业，而战略性新兴产业中的光伏产业，大部分企业集中在低技术、高污染环节。近几年由于重化工业的过度投资，在工业增加值的构成中，2012 年重化工业占比一度上升到 71%，不仅导致了严重的产能过剩，而且企业几乎个个都是"污染大户"。

在严重的供过于求的条件下，各地区企业进行恶性价格竞争，为了压低成本，节能减排上很多企业"偷工减料"，以至于全国有几百个城市深受"雾霾"的肆虐。近几年频发的重大污染事件，基本上都是重化工业企业引发的。诸如火电、钢铁、石化、水泥、有色金属、化工等重化工业产业均是 PM2.5 等污染物排放的大户。像电解铝、平板玻璃、水泥等产能严重过剩的重化工业也是污染大户。汽车也是重工业之一，尾气排放使其成为空气污染大户之一。显然，我国"高投入、高污染、高消耗"的资源环境压力，主要是重化工业造成的，这是由我国处于重化工业发展阶段所决定的，也与地方政府片面推进资本密集型产业发展有关。因而，调结构、转方式，首要的任务就是要加快推进重化工业的转型升级，淘汰落后产能，向技术水平高的大企业集中，整合优化，科学布局。

重化工业大多是生产资料产业，主要为轻工业、高端耐用品的生产服务，当然也有一部分是直接为生活消费服务的。要以创新驱动重化工业走向"高技术、低排放"的绿色发展道路，强化源头治理、全面推行清洁生产是节能减排的重点。同时，要加强对可再生能源的开发与利用，改善我国的能源结构，从而为劳动密集型产业提供更加精良的技术装备和更加环保的资源、能源。

五、劳动密集型产业并非低端、低附加值

近几年很多人把劳动密集型产业等同于"低端、低附加值"产业，这种看法过于简单、片面。有人认为，"高端不高端，关键看两端"，从目前的国际分工格局来看，具有相当解释力。但是，我们要改变这种不平等、不利的分工格局，并非简单抛弃中间的制造环节，把劳动密集型的生产环节剔除就等于实现了转型升级。而是要以技术、质量、品牌来重塑产业链、价值链，提高产品的竞争力。如果制造环节没做好，所谓转型升级就会缺乏根基，就会走向歧路。

因而，转型升级并不是简单地剥离中间的制造环节。当然，具有品牌竞争力的少数大企业，可以把制造环节外包出去，转移给国内其他企业做，甚至转到要素成本更低的国家做。但是从我国目前的发展阶段来看，大量简单劳动密

集的生产环节向国外转移，不仅条件不允许，而且也没必要。因为我国还有很多需要就业的低技能劳动力，尤其是中西部地区，总体上劳动密集型产业还有相当的竞争优势。相当多的人迷信"微笑曲线"，却不知还有一个"武藏曲线"，忘了马克思的劳动价值论，好像产品价值主要不是生产劳动创造的。如果有一个自由进入、公平竞争的国际市场环境，那么我们很多产品的附加值（v+m）就能够"按原样实现"，至少获得与外商同样的平均利润率，产品价值中生产加工环节的劳动价值就会从"被压低、低估"的状态回归正常，就可以卖到好价格，实现更高的利润。

因而，必须坚持价值"为我创造、为我实现"的正确思路，重视技术与品牌，大胆"走出去"，打造自己的国际营销渠道，以质量与品牌占据国际中高端产品市场。品牌是以技术、质量为支撑的，在继续做好中间环节的基础上，做好两端。继续利用我国劳动力低成本的优势，在做好生产制造这一环节的同时，充分利用我国中高端人力资源的总量优势，加大研发设计、营销与品牌打造的投入，在价廉的基础上提升物美的层次，带动生产制造环节价值的回归与实现。

六、劳动密集型产业并非低工资、不体面

过去，劳动密集型制造业的发展片面依赖低要素成本，既不太重视资源的节约与环境保护，也不够重视自主创新与研发的投入。很多企业为了节约成本，竭力压低工资，不重视劳动条件与环境的改善。政府片面追求GDP增长，竞相以低要素成本为吸引力大肆招商引资，导致工人劳动时间延长、工作强度大、工资低。这样的境况给"80后""90后"的农民工留下了"低工资、不体面"的印象。

未来，随着服务业在三次产业中的比重不断提高，用工需求也将增加，低端服务业的用工将呈现更为紧缺的状态。目前各大中城市的批发、零售、住宿、家政、保安、护理、洗车、保洁、餐饮、环卫、仓储、搬运、送货、物流、快递等低端服务业整体呈用工紧缺状态。这些就业岗位一般需要大量低技能的劳动力。很多城镇居民包括一些政府官员往往戴着有色眼镜看待这些低技

能劳动力，既需要他们，又歧视、排斥他们，这样不仅会影响他们的服务态度、质量，而且会激发各种社会矛盾。一个城市不仅需要高端制造业、高端服务业，也需要低端服务业，否则很难正常运转。随着城市生活成本的上升，低端服务业的工资待遇也必然要提高，而且必须享受同等的社会福利保障与公共服务，否则很难提高城市的治理水平与发展层次。

随着我国收入倍增计划的持续推进，最低工资标准逐年大幅提升，而随着以人为本的新型城镇化的推进，过去劳动密集型岗位"低工资、不体面"的面貌将会逐渐得以扭转。改善的措施，一是提高工资待遇与福利水平。我国政府这几年多次提高最低工资标准。二是大力抓安全生产。党中央每年都一再强调安全生产，通过立法不断改善劳动环境。诸如引起员工"十几连跳"的富士康、导致员工化学中毒的"苹果供应商"这样的"血汗工厂"，广大农民工是不欢迎的，该搬走就让它搬走。关于工厂制度下的劳动环境，马克思也曾指出，在一定条件下，"工厂劳动可以像家务劳动一样洁净、美妙，甚至更洁净、更美妙"。近几年，随着"用工荒、招工难"现象越来越普遍，很多企业为了招得到人、留得住人，不仅提高工资待遇，而且劳动条件与环境也有了明显的改善。三是竭力消除"就业歧视、同工不同酬"的现象。尤其是国有企事业单位，通过"劳务派遣""编制外用工"，以廉价的工资把苦差、脏活外包给农民工，这些岗位几乎都是劳动密集型的生产环节。据统计，全国有2000多万人处于这种不平等的用工关系。对此，中央已开始着手进行改革，以消除这种不平等就业的状态。纵观这些年党中央关于稳就业、劳工保护等民生政策的推行，可以期待，我国劳动密集型产业的从业人员必将逐渐改变"低收入、不体面"的状态。

总之，从当前经济结构的调整优化来看，重化工业的比重必然要有所降低，轻纺工业等劳动密集型产业的增加值比重应该有所回升，同时在推进城镇化的过程中应加快服务业的发展。稳就业与保增长相互促进，才能持续推进居民收入增长，才能提高广大居民的消费能力，才能增强内需拉动经济增长的动力，并以消费结构升级促进经济结构的转型升级。因而，从国情、发展阶段来看，在"调结构、转方式"的战略实施当中，劳动密集型产业在我国经济中仍然占有重要的地位，仍大有可为之处。政府、企业与社会必须科学认识劳动密集型产业，促进劳动密集型产业的科学发展。

第五节　推进新型农村社区经济组织发展与创新

发展和创新农村经济组织对实现社会主义新农村目标的意义主要在于：通过发展和创新农村经济组织，把先进的生产方式、现代化的管理手段、可持续发展的理念运用于农业生产各个环节，加速现代生产要素的积累，从而实现农业的经济效益、社会效益、生态效益的高度统一，促进传统农业向现代农业转变；通过构建新型的农村经济组织形式，完善经济组织的内在体系和运行机制，可以使农民遵循市场发展规律，在产业化经营中着力培育一批竞争力、带动力强的龙头企业和企业集群示范基地，推广龙头企业、合作组织与农户有机结合的组织形式，解决我国现阶段农村发展中存在的农产品卖货难、农民进市场难、农村致富难问题；同时，文明村镇的创建，农村新风貌的塑造，党组织和基层政权的建设，村民自治机制的健全等，都需要通过发展和创新经济组织形式来扶持村级集体经济，增强村级集体经济的服务功能，为建设社会主义新农村提供强有力的保障。

一、农村经济组织的类型

现行的农村新兴组织形态大致可划分为四类：以契约形式作为联结方式的分包制、以劳动要素之间的合作作为联结方式的专业合作经济组织、以土地要素作为联结纽带的社区合作经济组织以及以资本要素作为联结纽带的农村股份合作经济组织。除此以外，由于各种组织形式的相互交叉、相互融合，还存在着许多中间组织形态。❶

我国农村经济组织形式的创新是社会生产力发展的要求对我国社会主义生产关系完善和发展的必然选择。农村经济组织创新主要有两个方向：一是建立

---

❶ 曹利群. 农村组织形态创新：现状与问题 [J]. 农业经济问题，2000（10）.

合作社，合作社是市场中企业组织的一种替代形式，是具有一定社会功能的特殊经济组织，它的存在有助于完善市场秩序和规则，是政府、公司（私人或公共企业）以及农户都需要的一种组织形式；二是培育和发展按农产品分类的行业协会等市场中介组织。❶

二、我国农村经济组织形式的发展演变

新中国成立以来的农村经济组织建设经历了几个重要的发展阶段，包括土改时期（1947—1957年）、集体经济时期（1958—1979年）、改革开放初期（1979—1985年）、农村经济组织发展创新时期（1985年至今）几个重要发展时期。土地改革使广大农民获得了土地的所有权，激发了广大农民的生产积极性。但随着1953年社会主义改造总路线的提出和集体化、公有化的推行，我国逐步进入了"三级所有，队为基础"的集体经济时期。改革开放以来，尤其是随着社会主义市场经济的发展和农业产业结构的调整，家庭联产承包责任制所导致的分散的农户小生产和大市场之间的矛盾、农业生产专业化和社会化服务之间的矛盾日益突出。20世纪80年代中后期，一些新型农村经济组织形式不断涌现，比较典型的形式有公司加农户、专业合作社、专业协会、股份合作经营、农业公司等。

（一）农村社区合作经济组织

农村社区合作经济组织是农村经济体制改革后形成的"农业集体统一经营和家庭分散经营相结合的双层经营体制"的统称。它是以土地的集体所有制为基础，以乡村区域为范围，以管理土地和集体资产、组织本集体成员共同开展大规模的生产经营活动和提供其他社会经济服务的集体性经济组织。社区合作经济组织既是合作经济组织，又是社区自治组织。一方面，社区合作经济组织通过管理社区集体资产，开办集体企业，组织资源开发，开展非农产业经营，兴办农业生产基础设施；另一方面为社区农民提供各种公共物品，兴办各种公益、福利事业，维护社区的社会秩序，等等，承担政府委托的社会公共服

---

❶ 张晓山. 有关中国农民专业合作组织发展的几个问题 [J]. 农村经济，2005（1）.

务职能。

（二）农村供销合作社和信用合作社

为适应我国农业生产商品化的需要，1982—1984年，农村供销合作社围绕恢复合作社性质，在组织体制、经营体制和管理体制等方面进行了改革，恢复了自身的组织体系，扩大了经营范围，加强了对农业生产的互助与合作，促进了农产品的商品化和城乡资源的双向流通。1995年2月，中央在《关于深化供销合作社改革的决定》中指出，要坚持其集体所有制性质，坚持为农业、农村、农民提供综合服务的办社宗旨，坚持自愿互利、民主、平等的合作社原则，把供销合作社真正办成农民的合作经济组织。农村信用合作社一直在中国农业银行的领导和系统内开展工作，在解决农民的资金需求、吸收社会闲散资金支持农业建设方面发挥了重要作用。但农村信用合作社受政府干预和控制很大，不是真正的农民合作经济组织。1996年，农村信用合作社从农业银行脱钩，也没有理顺内部各机构部门之间的关系，有效的管理体制也没有建立起来，信用合作社的生存和发展面临着困境。近年来，信用合作社开始按照商业银行的模式进行改革，利润导向明显，存贷款非社员比例增大，已经失去了合作组织"互助共济"的特征。

（三）农民专业合作经济组织

随着农业生产专业化发展和农产品商品化、市场化程度进一步提高，农产品和农业生产资料市场竞争日趋激烈。为了抵御市场风险，降低风险和不确定性，各地农民按照自愿互利原则，自发组织了各种类型的专业合作经济组织。在政府的鼓励和扶持下，经济合作组织的合作领域进一步拓宽，产业依托性增强，越来越多的农民合作经济组织的经营活动与当地产业结构紧密联系在一起，成为当地农业经济发展的一个重要法宝。部分地区还初步形成了农业生产加工销售以及技术服务等一整套产业链。比较有影响力的农民专业合作经济组织主要有"官民结合"为特点的"邯郸模式"、以股份合作制为特点的"安岳模式"、企业与农民合作的"莱阳模式"等。在经济合作组织中，以销售、加工为龙头或产销结合为主的专业合作社，发展最快，也最为活跃；行业协会次之；各种经济联合体的关系比较松散，但运转灵活，效果最为显著。

（四）农村股份合作经济组织

20世纪80年代中期，各种以劳动者的劳动和劳动者的资本联合为主的经济联合组织在农村涌现，特别是以股份合作制形式兴办乡镇企业，取得了积极的效果。20世纪90年代以来，为适应建立社会主义市场经济体制的要求，广大农民又把股份合作制这种组织形式和经营机制广泛引入到种养业、农业资源开发、乡镇企业以及社区合作经济组织的改革中，党中央、国务院对此极为关注，并及时给予了肯定和引导。1994年，中央就发展股份合作制的重点、方法、途径和要注意的问题等提出明确要求，强调要尊重农民的意愿，要清晰产权关系、转变经营机制、形成我国农村经济组织的发展与创新研究积累制度、防止集体资产流失，要引导农村股份合作制健康发展。党的十五大进一步明确指出，目前城乡大量出现的多种多样的股份合作制经济，是改革中的新事物，要支持和引导，不断总结经验，使之逐步完善，劳动者的劳动联合和劳动者的资本联合为主的集体经济，尤其要提倡和鼓励。

（五）"公司+农户"为代表的契约型合作经济组织

"公司+农户"是指公司与农户之间通过签约形式，建立固定供销关系的经营模式，是以契约为组织联结机制的组织形态，可以将其称之为契约化或契约型的农村经济组织模式。这种组织模式包括公司与农户合作经营，农民出土地，公司出资金，收益按比例分成；农民出土地、劳力，公司提供生产资料，产后由公司定价收购产品，扣除投入成本后统一组织销售；以及公司与农户挂钩经营，公司提供技术、物资、服务，收取一定管理费的合作形式。到目前，"公司+农户"这一组织形态还演变出了"公司+合作社+农户""公司+基地+农户""合作社+农户"以及"合作社+公司"等多种契约型组织形态。

在我国大部分地区农业商品率还比较低、农户生产自给程度较高、农民自治组织能力也较弱的现阶段，"公司+农户"模式的发展具有一定的合理性，并且是实现农业一体化经营较好的农村经济组织模式之一。尽管专业合作经济组织的效能已为许多西方发达国家的经验所证实，从我国农业产业未来发展的角度来看和我国农村实际情况出发，农村经济组织的发展虽然也呈多样化发展，专业合作经济组织也必然是我国农村经济组织的发展方向。但由于我国农村自然因素与经济发展状况的差别及对制度变迁的路径依赖因素，我国农村经济组织的创新与变迁仍然需以契约、农户和"龙头公司"作为基础和出发点。

三、我国农村经济组织发展的局限与问题

两千多年来，我国的农村经济组织基本上是地主制产权与小农经营权相结合的小农经济组织。尽管这种组织形式具有经营灵活、权责利清晰且与风险紧密结合的制度优势，但与现代经济组织发展要求相比，依然存在许多发展中的问题：

（一）农村经济组织运行成本高

在农村，市场交易分散，信息流通缓慢，交易对象缺乏，其结果可能会使经济组织的成本高过个人交易成本。农民通过组织起来联合进行交易固然可以降低市场进入壁垒，增加交易频率和规模，实现信息搜集和处理的规模经济，但农户参加经济组织所获收益本身就不大，在付出一定的组织运行成本之后还要另外付出委托代理成本。

（二）农业生产的特殊性弱化了经济组织所提供的分工协作功能

农业生产只能在地理空间范围内分散进行，而无法像工厂企业那样进行集中控制；同时由于产权因素和农业生产的技术水平要求不高，农业生产的专业化需求比较弱，且受自然条件和季节气候的影响而无法进行，而对农民进行组织协调的成本却相对较高，农业生产无法实现集中的大规模生产。农业生产的这种特殊性使经济组织无法实现高度的专业分工，也无法产生大规模生产所拥有的高效率。

（三）农村经济组织的交易对象单一

农业生产受自然条件影响很大，农产品产量波动大而其需求弹性又比较小，其结果会导致农产品价格的大幅波动。这样在农产品价格高于契约价格时，农民常常采用机会主义行为，违约将产品通过市场销售，经济组织无法通过交易获取收入，某些生产性经济组织还会因为缺乏原材料而遭受损失。而在农产品供过于求价格大幅下跌时，农户又倾向于将农产品按照契约协定价格销

售给其所参与的经济组织，这样就会使经济组织遭受严重亏损。农产品本身易腐烂、不易储存的特点则加剧了这种情况。

（四）在农村经济组织内部，委托代理问题显得更加突出

由于多数农村经济组织并不以营利为目的，而是以社员利益的最大化为目的，经济组织的经营绩效难以量化考核，容易诱发作为经济组织实际控制人的经营管理者的偷懒倾向。同时，经营管理者通常只有资产控制权而无剩余索取权，在其行动难以监督、业绩难以考核的情况下，也容易出现败德行为，为了个人利益最大化而损害经济组织其他成员的利益。对于非企业的经济组织，农民纵然有退社自由以限制管理者的道德风险和其他参与人的机会主义行为，但在农村的市场范围内，经济组织常常处于相对垄断地位，单个农民的交易成本高，从而使交易无法进行。

（五）合作性经济组织的当事人对组织的经营决策有相同的决策权

这种决策结构会导致经济组织的决议常常出现议而不决、决而不行的局面，造成经济组织对外部市场环境变化的反应迟缓。

四、我国农村经济组织创新的目标

发达国家农民合作经济组织发展的历史表明，建立农民合作经济组织是市场经济条件下农民参与市场竞争，保护和提高自身社会经济利益的内在需要和有效的组织形式。目前我国正处于社会主义新农村建设的新时期，随着我国农业生产力的发展和农村经济市场化的深入，农村经济组织的发展具有多样化的发展趋势，农村经济组织创新的目标必须做出相应调整。农村经济组织创新是指为适应农业分工深化和专业化的发展，依靠自发的市场力量或强制性的体制变迁推动农村经济领域各种资源的重新配置，以改善农村经济组织的规模、机制和结构，提高农产品流通的效率和效益的探索活动。农村经济组织创新的最终目标就是要实现农村经济组织结构的合理化。

目前农村经济组织创新是在我国促进农业现代化、改变城乡二元经济结构、实现城乡一体化发展的背景下进行的，与社会主义新农村建设紧密联系在

一起。因此,其创新目标必须符合法制化、市场化、社会化和现代化的要求。归结起来,农村经济组织创新的目标有以下几个方面:

第一,使农村经济组织成为代表农民集体利益、从事社会经济活动的法人实体。

大多数农村经济组织都有自己的财产、名称、组织机构和营业场所,能够独立承担民事责任,按照我国《民法通则》中关于法人资格的规定,农村经济组织应当获得法人资格地位。虽然我国在2003年3月1日实施了《农业法》,对农村专业合作经济组织的地位、组织原则及在农业产业化中的作用也做出了法律上的规定。但是,在具体的经济活动中,由于农村产权制度的特殊性导致其经济组织产权不完备,农村经济组织无法像其他类型的法人主体一样,有处理自己拥有的财产的全部权力,如土地、科学技术等,难以维护自身的合法权益和经济利益。农村经济组织的法人地位,还需要在农村经济活动实践中通过进一步的创新来完善和补充。

第二,使农村经济组织发展成为运作规范、内部经营机制健全的经济活动主体。

合作经济组织的本质特征是社员联合拥有和控制的经济联合体,其目标虽然是追求公平,为社员提供服务,实现社员的联合自助,但在具体的运作管理上,它又具有企业的本质特征,即追求效率。由于经济组织的非营利性特征,决定了其基于结果的激励约束机制难以发挥作用。完善内部控制,健全治理结构就成为提高效率、降低委托代理成本的唯一选择。我国农村经济组织在改革开放以来发展迅速,但由于发展时间很短,内部经营机制还很不健全,总体上还处于起步阶段。农村经济组织的发展,重点是按照市场经济的要求,理顺组织内部的财产关系和管理机制,按照股份公司的设置要求进行股份制改造,建立起完善的治理结构。这样既能维护全体成员和所有者的合法利益,又能够给予经营者充分灵活的经营管理权。同时建立健全合作经济组织公积金、公益金和风险保证金制度,保障合作经济组织持续、稳定健康发展。

第三,使农村经济组织发展成为符合国际合作社原则、具有强大市场竞争力的经济主体合作经济组织。

作为个体农民联合组织起来的互助性组织,其具有地域性、相对封闭性、自我保护性强的先天性缺陷,限制了农村合作经济组织的发展和规模的扩大。同时,由于其实行劳动联合,限制资本,实行民主管理,导致合作经济组织股金集资受到限制,决策迟缓,很难适应千变万化的市场要求。农村合作经济组织的市场竞争力一般都远远落后于企业,尤其是股份制公司。目前发达国家的农村合作社为了提高市场竞争力的需要,对合作社的组织和运作进行了市场取向的创新。主要包括社员进退的资格受限,社员之间和社员与合作社之间责任、权利义务的双向分配,劳动与资本的联合等内容,促进了合作社经济效益的提高和竞争力的增强。这为我国农村经济体制的创新,提供了有益的借鉴。

第四,使农村经济组织真正成为农业产业化和现代化的主要推动者。

我国目前农村经济发展滞后,农民收入水平停滞不前,在很大程度上与农村经济组织发展滞后有关。农村经济组织作为连接小农生产与外部统一大市场的中介,在农业现代化过程中扮演了重要角色。目前我国的农村经济组织规模小,业务范围的局限性很大,承受市场风险能力有限,限制了农业的市场化和产业化发展。我国农村经济组织创新应该在加强政府扶持的基础上,促进各类合作组织包括农业龙头企业的联合和合作。加强彼此之间的利益联结,形成"企业+农村经济组织+农户"的产业化和市场化经营链条,促进农业生产的市场化和产业化。农村经济组织在这个产业链条中的主导地位,既有利于保证企业原料来源的稳定性,又可以降低农户分散交易的成本,帮助农户得到产品加工和流通领域的增值利益。

五、我国农村经济组织创新的路径与模式选择

1978年党的十一届三中全会以后,我国开始进入农村经济组织形式的发展与创新时期。原有农村经济组织不断变化,各类新型农村经济组织不断涌现。但这些经济组织形式并未真正成为引领中国农村经济发展的龙头,它们要么随着农村经济的发展很快被淘汰;要么是一种理论上的抽象模式,缺乏现实基础和可操作性。

诺斯(1981年)认为,在市场中有效的组织达到的效果是:存在适宜的度量技术和度量标准而减少交易费用;交易者的集中降低了信息费用;交易者

之间的竞争约束了机会主义行为；产权结构的有效界定和行使能够降低或完全消除不确定性；非人格化的立法和执法机构减少了契约关系中的谈判和交易双方认可的交易的合意性。为此，我国农村经济组织创新与演进方向也必然要以效率作为衡量标准，以企业化、产业化作为演进的方向。

企业经营型农村经济组织形式是指参与交易的各实体是平等的市场主体，完全按市场机制形成交易，包括供求、价格、竞争、风险等机制也完全由市场主导完成。农业产业化是指以市场为导向，以专业化分工为基础，以龙头企业为依托，以资本、技术为纽带，以提高经济效益为中心，将农业产业的产前、产中与产后诸环节通过一定的组织方式联结成一个完整的产业系统或产业链，实现种养加、产供销、贸工农一体化经营的过程。农业产业化经营的核心是实现农业及相关产业的联合经营。其关键在于做大做强龙头企业，基础是形成主导产业。要害是建立风险共担、利益共享的利益联接机制。本质是发展市场农业，使农业向现代化迈进。

农业产业化是以市场化、社会化、集约化和纵向化为特征的农业现代化过程。目前我国农村经济组织所表现的联结方式有多种形式，而股份合作社被认为最有创新意义。股份合作社可分为社区合作经济组织的股份合作社和专业合作组织基础上的股份合作社。社区合作经济组织作为传统的农村经济组织，相对而言，也具有创新的意义和创新的可能性。

近年来发生在村、社范围内社区合作组织的多样化创新，虽然目前从数量上来说还不具有普遍意义，但是可以证明农村经济组织创新可有多种模式的探索。如村庄的公司兼并就是其中一种创新表现。通过有实力的企业，对自然村、行政村范围内各项职责和农业生产经营实施全面委托管理，进而一次性地直接改变农村社区合作经济组织和管理体制，形成一体化的企业集团。其主要特征是村庄和托管公司合二为一，主要村干部在公司任职，村民小组建制为分公司，内部通过"公司＋农户"的组织形式，实施农业产业化经营。另外还有村庄之间的兼并，包括扶贫式兼并和扩张式兼并等创新模式。

新型的农村经济组织模式无论是通过"公司＋基地＋农户""合作经济组织＋农户"还是其他形式的联合方式，都必须构成一体化联合体。从长远看，按照现代企业模式实行公司制度，实行企业式管理，必然会成为"农业企业"

或"农村企业"的发展趋势。

农村经济组织在不同的时代、不同的经济条件下有着不同的实现形式。目前我国农村经济组织形式创新不够,在社会主义新农村建设中发挥的作用还非常有限。因而,在建设社会主义新农村的新的历史时期,需要创新和构建一种和新农村建设相匹配的新型农村经济组织形式,它既能克服现有农村经济组织的种种弊端,又能适应社会主义新农村建设需要,反映广大农民意愿,具有非常重要的理论意义和现实意义。

我国农村经济组织创新的目的应该是调整农村组织机构,以改变农户因超小规模经营的自我封闭状态,改进组织目标,增加农民的合法收入,优化组织行为,减少农村经济运行中的不确定性,保证实现农民各种利益。农村经济组织创新目标必须符合法制化、市场化、社会化和现代化的要求,最终目标是建立精简高效、富有活力、结构合理、运行高效的新型农村经济组织。

任何一种农村经济组织都有其成长的过程,各种新型农村经济组织之间在功能上和适应性上是不同的,也是不可替代的。这种不可替代性以及不同地区社会经济发展水平的不同和产品特性的不同,决定了现阶段我国农村经济组织创新的选择是多元化的,只要生产力发展水平允许,农民自己也能够接受,就可以选择最适应某一地区、某一种农村产业发展需要的组织结构模式。

【案例】建设新型农村社区 撬动农村经济转型

2012年3月22日,在浚县王庄镇中鹤新城一期项目工地,正在建设的150栋住宅楼已完成简装修59栋,社区内水、电、气、暖等配套设施正在安装,绿化、美化、亮化工程启动,学校、社区服务中心等公共服务设施正在施工。项目负责人告诉记者,部分村民的搬迁工作已经启动,明年8月项目一期建成后,可满足周边11个村1.6万人居住。

(一)新型农村社区建设让群众生活大变样

淇滨区湘江社区是由崔庄村改造而成的。村党支部书记梁喜朝告诉记者,以前居住的老村垃圾乱倒、污水乱排,搬入新居后,社区内水、电、燃气、通信等配套设施完善,人均住房面积由不足20平方米达到了40平方米,群众在就业、养老保险、医疗保险等方面与市民没什么两样,与以前相比生活发生了

翻天覆地的变化。市委农村工作办公室主任郭志鹏告诉记者,推进新型农村社区建设有以下好处:

一是改善民生。新型农村社区建设可以从根本上改变农村社会建设相对滞后、公共服务资源匮乏、基础设施落后、环境"脏、乱、差"等现象,使群众的生活条件得到根本改善。

二是促进农村经济发展。有利于改变目前农村土地零碎、决策分散的一家一户型生产方式,形成专业化生产和规模化经营,增加农民收入,促进农业现代化进程。

三是节约集约利用土地。农村宅基地占地面积较大,建设新型农村社区,建成二层或三层连体别墅,节地率一般在48%左右;建成多层或小高层,节地率一般在70%以上。

四是加快农村城镇化进程。通过村庄合并、建设新型农村社区,可以把更多的农民从土地上解放出来,为产业发展提供劳动力,同时带动第三产业发展,符合当前农村实际,有利于保护农民利益。

(二)新型农村社区建设试点效果初显,形成较为科学的推进机制

从2009年起,我市把新型农村社区建设列入市委、市政府重要议事日程,2010年将其作为六大攻坚战之一重点推进,率先在城中村和新区、产业集聚区、采煤沉陷区的村及近郊乡镇、有一定条件政府所在地的村,规划了60个新型农村社区,进行试点和探索,经过两年的探索与实践,取得了一批具有借鉴意义和示范作用的成果。

成果一:"中鹤模式"意义重大。浚县王庄镇通过"工业引领、企业运作、政府引导、规划先行、产城联动"的运作模式,有效化解了推进工业化、城镇化与耕地保护的矛盾,实现了农民土地有序流转,稳定了农民收入,推进了农业现代化进程,成为传统农区实现"三化"协调发展的有益探索。

成果二:配套政策得到群众拥护。配合新型农村社区建设,我市出台了以"一换两转三就"为具体内容的配套政策,使搬入社区的农民在就业、低保、医疗、教育等各项保障及优惠政策上与城市居民同等待遇,让他们真正融入城市,实现身份的转换,真正得到实惠。

成果三：形成了较为科学的推进机制。我市采取分类指导、分步实施的办法，根据村庄所在位置的不同，分类推进，形成了以湘江社区为代表的城中村改造型；以阳光社区为代表的产业集聚区带动型；以中鹤社区为代表的村企联合共建型；以新丰社区为代表的城镇带动型；以故县社区为代表的整体搬迁型，为下一步推进工作提供了示范。

资料来源：《鹤壁日报》2012年3月24日第001版

第六章　新型农村社区土地经营管理

土地是城镇化的物质载体，在新型城镇化战略中具有举足轻重的地位。当前，农村集体建设用地制度改革滞后对新型城镇化发展构成了重大制约。

农村土地制度改革涉及农民三块地：一是分给农民的承包地，二是农民盖房子的宅基地，三是农村集体经营性建设用地。由于农民承包地改革方案已经明朗，各方面分歧也不大，因此，这里重点研究后两种地，即农村集体建设用地。

2015年年初，中办、国办联合印发了《关于农村土地征收、集体经营性建设用地入市、宅基地制度改革试点工作的意见》，明确将在全国选取33个县（市）进行农村土地改革试点。本文围绕新型城镇化发展要求，分析农村集体建设用地制度存在问题，总结各地农村集体建设用地探索的经验和教训，提出深化农村集体建设用地制度改革的思路和建议。

当前新型农村社区以"土地集中集约"为主要理念，将其发展简化成了一笔"土地经济账"和普通的开发行为，偏离了社区综合发展的应有轨道，导致了农民与政府之间的冲突。新型农村社区的实质是传统村庄的转型发展，是新农村建设的新阶段和新形式，要求必须遵循社区发展原理，发展逻辑从"土地集中集约"全面转向"社区综合发展"，引入以农民为主体的内生式发展模式，进而增强新型农村社区发展的自主性和持续性。中央十八届三中全会及中央城镇化工作会议充分认识到了以"土地集中集约"为理念的新型农村社区建设的不足，明确提出"在促进城乡一体化发展中，要注意保留村庄原始风貌，慎砍树、不填湖、少拆房，尽可能在原有村庄形态上改善居民生活条件"，把新型农村社区发展带回到了应有的轨道。

新型农村社区建设过程中土地权益的问题自然是非常关键，农民赖以生存的土地权益的变动与农民的生产生活息息相关,所以必须着力处理好新型农村社区建设过程中的土地权益问题,保证新型农村社区建设有序顺利开展。

第一节 新型农村社区建设中的土地权益问题

一、新型农村社区建设中的土地问题的参与利益主体

一般来讲,利益关系是指不同的利益之间的相互关系。新型农村社区建设是一个多层面、纵深化、宽领域的综合转变过程。与之相伴的就是各不同利益主体间利益的重新分配与争夺。政府、农村集体、农民、企业等都是新型农村社区建设的参与者与得利者。但是由于各自的利益诉求不同,利益分配错综复杂,相互之间的矛盾也就不容忽视,亟待谨慎妥善解决。

(一)政府(中央政府和地方政府)

新型农村社区建设走的是"建构式"发展道路,这就需要政府首先做好科学合理的规划,并在建设过程中加以指导。在申请农村社区建设资金方面,政府更有着举足轻重的作用。纵观以往农村社区建设,大部分都是政府居于主导地位。

一方面,新型农村社区建设可以美化农村居住环境,改善农村居民生活条件,是近年来政府主导为群众谋福利、改善民生问题等政策的具体体现,更是政府组织赢得政绩的潜在机会,所以在城镇化快速发展的今天,新型农村社区建设大势在即,各级政府也积极响应。

另一方面,新型农村社区建设、可以有效整合土地,根据城乡建设用地增减挂钩政策规定,腾出的村民宅基地等土地复垦后可换取同等面积的城市建设用地指标。在节约农村土地的同时又使城市建设用地资源匮乏得到一定缓解。政府在新型农村建设过程中可以获取公共利益等多方面的得益。

(二)农村集体经济组织

新型农村社区建设首先要涉及的一个问题就是合村并居,将临近的几个村子合并成一个新型农村社区，原有的各个村落的经济组织关系将被打乱，新社区建成后会形成新的村级领导管理工作人员，原有的独立的村庄的村级干部的现状就难以为继，所以就需要处理好过渡期的利益均衡问题。另外，新农村社区建设后，占用的农村集体土地与没有被占用而节约出来的土地的权属及使用也是农村集体组织关心的重要问题。

（三）农民

农民以土地为命脉，土地是其生存生活的工具。农民最关心的无外乎宅基地和耕地。对于宅基地，原来农民均有固定的宅基地，经过多年努力大部分也都盖起了像样的房子，新型农村社区建设就会使农民原有的房子被拆除然后再获得社区里的房子。这里农民最关心的就是拆迁房屋的补偿标准和新社区房屋的分配方案，如果是农民个人出钱购买，那么到底以什么样的价格售卖呢？这也是一个问题。再有新社区房屋的产权归属也是需要弄清楚的问题，因为这关系到农民的切身利益。对于耕地，除了常年外出的打工人员，耕地还是大多数农民的生存依靠。新农村社区建设后，耕地会进一步进行整合，耕地的重新分配和流转方式也都需要有相关制度做保障。另外，耕地连片大规模经营后，效率会有很大提高，耕种所需人员必然会减少，剩余农村劳动力的安置也是新型农村社区建设要考虑的问题。

（四）土地新使用者

新农村社区建设一般会引入外部企业的参与，为农村新型社区建设提供资金支持，减轻政府和农民的经济负担，促进新型农村社区建设的顺利进行。但是，另一方面我们要认识到企业追求利润最大化的本性，追求利润最大化是所有企业努力的目标，在建设新型农村社区的过程中，企业自然会想尽一切办法压低土地价格和对农民的补偿标准，相反抬高出售价格，从而赚取中间的差价。还有一种情况，企业会获得剩余一部分土地的使用权来进行商业开发，商业开发后土地会获得巨额增值收益。从长远来看，这样的增值收益农民却一点都享受不到，对农民来说也是极大的不公平。

二、新型农村建设过程中的征地问题及补偿方式

（一）征地方式及政策

新型农村社区建设中需要规划住宅房屋建设用地、道路等基础设施用地、休闲娱乐场所用地等服务于新社区的公共利益的土地。这样就必须有土地征收的这一环节。土地征收就是政府因公共利益的需要依照国家法律规定用强制力将集体所有的土地征收过来变为国有。格劳秀斯曾对土地征收补偿制度做出如此解释：土地征收以其领主对所属臣民的最高统治权为基础，在此原则下，领主就可获取私人的土地用于公共用途，同时作为最高统治者的国家应该而且必须对私人给予补偿。由此可以看出土地征收是以国家强制力为基础的，而这也是目前征地拆迁问题纠纷的根源所在。我们经常可以看到大量暴力拆迁、强制征地的事件出现，不仅影响村民的根本利益，更有损我国社会主义和谐社会的建设。新型农村社区建设本来是一项惠民工程，若是在征地环节不能满足村民意愿，那么新型农村社区的建设意义也就难以体现。

（二）新型农村社区建设征地过程中的主要问题

1. 土地产权制度不完善，农村集体土地产权缺失。

我国农民实际上不拥有完全的土地所有权。依照法律规定，农村的土地属于集体所有，而我国集体土地产权的产生有其当时的历史背景，主要目的是解决农民的基本温饱问题。如今，社会现状发生了变化，农村集体土地产权已不能适应农村发展现代化农业的需要和城镇化发展的需要。由于集体的土地产权模糊，对于补偿的利益主体就难以明确界定，各利益相关方相互博弈，博弈的结果往往是处于弱势地位的农民的土地合法权益受损，集体土地所有权也受到一定的限制。所有权一般包括占有、使用、收益和处分。我国农村的集体土地只有使用权，土地用途的转变须由国家先征收而后转变，国家是农村集体土地的实际控制者，所以农民对土地的处置权缺失，最终导致农民在土地征收过程中利益被侵害。

2. 土地征收程序不规范，监管不到位。

我国虽然有相关的土地征收法律规定，但是大多流于形式，在农村的可行性不高。各地农村的实际情况不同，有风俗民情，有宗教信仰等的差异，在具体实施过程中应该给予基层政府一定的权限，确保做到具体情况具体分析，和国家政策法规统一。这样可能又会出现基层政府权力使用过度的情况。一方面各级政府利用市场主体的身份用行政强制手段剥夺农村集体土地所有者与直接征地企业的联系，不利于市场经济的正常运行，也不利于农村的和谐稳定发展。另一方面政府假借合法征地兴建新型社区的名义进行非法占地、转让。在没有得到农村集体所有者同意的情况下擅自不按征收审批程序自主征收和非法转让。这些问题的出现都可以看出我国政府对土地征收缺乏合法有效的监管，只有监管到位，才能真正做到依法办事，违法必究，推进新型农村社区建设合法有序进行。

3. 征地补偿标准不合理、不完善。

征地补偿是指国家依照相关法律对农村集体土地进行征收或征用来满足公共利益的需要，并依据被征地的原用途给予包括土地补偿费、后续安置费和社会保障费等。

目前我国实行的是 1982 年修订的《国家建设征用土地条例》，其中规定的补偿标准是 3~6 倍。尽管某些地区按照土地补偿和安置补助费之和共 30 倍的标准进行征地补偿，但随着通货膨胀和物价水平的提高，这仅有的补偿费用难以维持农民原有的生活水平。

征地补偿最重要的不在于当时对农民给予多少的现金补助，而是如何对失地农民进行后续生产生活保障。例如在兴建新型农村社区的同时，发展社区支撑产业和农村医疗、养老保险等保障也至关重要，各级政府部门也应该在这些方面扎扎实实地下功夫办实事。

第二节　新型农村社区建设用地的规划管理

新型农村社区建设作为统筹城乡发展的全新有效载体，目前已在全国范围内进行了广泛的试点并取得了重大成果。但在推进城乡一体化进程和新型农村社区建设具体实践中,土地问题仍然成为我国新农村社区建设的瓶颈,诸如土地供需矛盾日益尖锐、土地整理开发利用混乱、农村集体土地权属不清、耕地质量下降等,亟待解决。

一、推进新型城镇化要求改革农村集体建设用地制度

(一)农村集体建设用地的不可交易性,制约农民合理分享土地增值收益,不利于保障农业转移人口市民化的资金供给。产权是现代市场经济的基础。在现行法律框架下,农村集体建设用地不拥有完整的权利,不具备完全的商品属性,其权能特别是转让权和收益权受到严格的限制。这种城乡产权差异关闭了农民获得财产性收入的大门,使农村巨量的土地资源成为"沉睡的资产",导致农民不能合理分享城镇化带来的土地增值收益,削弱了农民进城安居和创业的经济能力。据中国城乡经济研究会调查,在我国土地用途转变的增值收益分配中,政府占60%~70%,村级集体组织占25%~30%,农民只得到5%~10%。

(二)农村宅基地获得的福利性,影响了土地资源的高效配置和节约利用,不利于满足新型城镇化发展对土地的需求。在现行法律下,农民凭借农村集体组织成员资格,享受"一户一宅"政策,几乎是无成本获得农村宅基地使用权。在监管不到位的背景下,部分农民存在"房子想在哪建就到哪建""不占白不占"的心态,私自建房、占用耕地建房现象普遍存在。同时,由于缺乏宅基地和农房退出机制,绝大部分农民新建住房或迁居城镇后,不愿将原有宅基地交还给村集体经济组织,城乡两头占地和农房闲置等问题突出,加剧城镇化过程中的土地供求矛盾。据相关统计,目前在全国2.4亿亩村庄建设用地中,农村宅基地闲置面积占10%~15%,部分地区更高。2000—2010年,全国农村人口减少1.37亿人,而同期农村宅基地面积不降反升,增加了3000万亩。

(三)农村集体建设用地流转的无序性,导致一些社会纠纷和冲突隐患,不利于促进新型城镇化健康发展。在国家限制农村集体建设用地流转,并通过

征地制度垄断城市建设用地的背景下，农民一方面普遍对征地拆迁存在抵制倾向，出现了一些冲突甚至暴力事件，另一方面自发争取土地权益的尝试层出不穷，甚至不惜违反法律规定，将集体建设用地私下转让的"黑市"活跃（如"小产权房"），挑战了法律的严肃性。特别是这种自发无序流转，没有纳入城乡规划的管理之中，致使农村集体建设用地使用"碎片化"，导致城郊农村布局杂乱无章、公共服务严重不足、社会秩序混乱和环境问题突出，滋生"城市病"。下面介绍农村集体建设用地改革探索及面临的制度瓶颈。

1. 农村集体建设用地制度改革的探索。

近年来，为解决城镇化进程中的土地困境，部分地区在征得中央同意的情况下，开展农村集体建设用地改革试点，归纳起来主要有三种不同模式。

①以天津为代表的"宅基地换房"模式。2005年，天津市为解决城市建设中的土地供需矛盾，率先提出了"宅基地换房"模式。其做法是：政府规划建设适于产业聚集和农民聚居的新型小城镇，农民以其宅基地按规定标准换取小城镇的住宅，原有的宅基地统一整理复耕，节约下来的集体建设用地以招拍挂的形式出让，所得收入用于平衡小城镇建设资金。

②以成渝为代表的"地票交易"模式。2008年以来，成都市利用国家统筹城乡综合改革试验区先行先试的优势和汶川地震灾后重建的特殊政策，开展了农村集体建设用地制度改革试点。主要做法是：将闲置的农村宅基地及其他农村集体建设用地，进行复垦而结余的建设用地指标（简称地票），通过农村土地交易所公开拍卖交易。"地票交易"模式实现了市内大面积、远距离用地置换，既盘活了远郊区县农村集体建设用地资源，提升了土地价值，增加了农民财产性收入，又解决了大城市扩张所面临的建设用地指标不足问题。

③以安徽、浙江等地为代表的其他模式。安徽、浙江、江苏和广东等地也在探索不同类型的农村集体建设用地流转试点。如安徽省芜湖市在保留农村建设用地村集体所有制的基础上，由乡镇政府为主导对土地流转进行规划、组织、出让和出租。浙江省温州市自2013年10月1日起，允许包括农村土地承包经营权、林地使用权、农村房屋所有权和农村集体经营性建设用地使用权等12类农村产权在农村产权交易所公开交易。

2. 农村集体建设用地改革亟须破解的制度瓶颈。

从各地探索情况看，虽然试点取得了一定成效，但由于缺乏全国层面的统一指导，特别是缺乏国家相关法律法规的支持，改革遇到了"天花板"，影响了试点的深入和在全国范围的推广。主要制度（法律）瓶颈如下：

①在土地市场方面，农村集体建设用地入市交易受到严格限制。如《土地管理法》第43条规定："任何单位和个人进行建设，需要使用土地的，必须依法申请使用国有土地；"第63条规定："农民集体所有的土地的使用权不得出让、转让或者出租用于非农业建设；但是，符合土地利用总体规划并依法取得建设用地的企业，因破产、兼并等情形致使土地使用权依法发生转移的除外。"

②在交易对象方面，农村宅基地及房屋只能向本集体经济组织成员中符合申请宅基地条件的家庭转让。如国务院办公厅1999年发布的《关于加强土地转让管理严禁炒卖土地的通知》和国土资源部2004年发布的《关于加强农村宅基地管理的意见》，均在原则上禁止城镇居民购买农村宅基地和村民住宅。

③在抵押担保方面，农村集体建设用地使用权及房屋产权不能抵押、担保。如《物权法》第184条和《担保法》第37条均规定，耕地、宅基地、自留地、自留山等集体所有的土地使用权等财产不得抵押。

④在收益分配方面，农村集体建设用地征收补偿标准偏低。如《土地管理法》第47条规定："征收土地的，按照被征收土地的原用途给予补偿。征收耕地的补偿费用包括土地补偿费、安置补助费以及地上附着物和青苗的补偿费。征收其他土地的土地补偿费和安置补助费标准，由省、自治区、直辖市参照征收耕地的土地补偿费和安置补助费的标准规定。"

【知识链接】一号文件"农村集体建设用地与国有土地同等入市"

新世纪以来指导"三农"工作的第11份中央一号文件于1月19日发布。它首次提出：赋予农民对承包地承包经营权抵押、担保权能。在符合规划和用途管制的前提下，允许农村集体经营性建设用地出让、租赁、入股，实行与国有土地同等入市、同权同价，加快建立农村集体经营性建设用地产权流转和增值收益分配制度。

一号文件最抢眼的就是进一步明确了农民在土地上的财产权利。在明确权利的基础上，既启动了农业市场化改革大幕，为农业改革注入了持久的活力，又为农村建设用地规范入市打开了通路。这对房地产市场将产生深远影响，长远来看，会打破地方政府对土地一级开发的垄断。大幕已启，农业改革的长征已经上路。

资料来源：《经济参考报》2014年02月10日

二、农村集体建设用地制度改革的总体思路和建议

以健全农村集体建设用地产权制度为出发点，以提高土地资源利用效率和维护公平正义为基本要求，统筹兼顾国家、集体和个人利益，加快建设一个市场（城乡统一的建设用地市场），发挥两个作用（市场在资源配置中的决定性作用和政府的宏观指导作用），坚守三个底线（农村土地集体所有制、18亿亩耕地红线、农民利益不受损），完善四部法律（《土地管理法》《城市房地产管理法》《物权法》和《担保法》）。

（一）建立城乡统一的建设用地市场。党的十八届三中全会提出"建立城乡统一的建设用地市场，在符合规划和用途管制前提下，允许农村集体经营性建设用地出让、租赁、入股，实行与国有土地同等入市、同权同价"。要打通城市土地市场和农村土地市场的连接，允许农村集体经济组织和农民作为农村集体建设用地的主体和出让方直接参与市场交易，允许城镇居民购买农村宅基地使用权及房屋产权，形成"一个市场、两种产权、多元主体"的市场体系，促进城乡资源要素双向流动。

为此，要加快健全农村集体建设用地产权制度，将农村集体建设用地所有权和使用权确权登记颁证到村民小组集体经济组织，将宅基地使用权确权登记颁证到农户，形成"归属清晰、权责明确、保护严格、流转顺畅"的现代农村集体建设用地产权制度。

（二）发挥市场在资源配置中的决定性作用和政府的宏观指导作用。土地作为稀缺的不可再生资源，是人类经济活动的重要生产要素，要遵循价格规律，发挥市场在土地资源配置中的决定性作用。同时，土地又是人类生存的基

本条件，特别是在我国人多地少、耕地资源严重不足的国情下，为保障国家粮食安全、保证工业化城镇化的顺利推进，平衡农业、工商业、生态以及其他公益性用地的关系，需要发挥政府的宏观指导作用。

（三）坚守三个底线。一是坚守农村土地集体所有制不动摇；二是坚守18亿亩耕地红线不改变；三是坚守维护农民利益不受损。土地是农民的财富之源，随着经济的发展和城镇化的快速推进，土地价值日益凸显。改革农村集体建设用地制度，必须把保护农民土地权益放在更加突出位置，确保农民能够合理分享土地增值收益，分享工业化城镇化的成果。为此，要完善农村集体建设用地收益分配制度，提高农民在土地增值收益中的份额，确保农村集体经济组织和农户成为土地流转的主要受益者，形成兼顾国家、集体和个人的土地增值收益分配机制。农村集体建设用地所有权的收益应该归集体组织所有，使用权的流转收益归土地使用权人所有；地方政府作为公共设施提供者，按适当比例参与收益分配。

（四）完善四部法律。凡属重大改革都要依法有据。农村集体建设用地改革必须发挥法治的引领和带动作用。要按照十八届四中全会的要求，实事求是、与时俱进地对相关法律法规进行立改废。要修改《土地管理法》，明确农村集体建设用地使用、转让和租赁等全部权利与城镇国有土地同地同权。要修改《城市房地产管理法》，取消对农村集体建设用地转让的限制，特别是取消商品住宅建设必须使用国有建设用地的规定。要修改《物权法》和《担保法》，赋予宅基地使用权抵押、担保等权利。另外，还要取消农民住宅禁止向城镇居民出售的行政限制，依法保护农民宅基地的用益物权。

（五）积极稳妥推进农村集体建设用地改革试点。先试点后推广是我国改革成功的经验。农村集体建设用地改革涉及面广，利益关系复杂，也要试点先行，积累经验后再复制推广，积小胜为大胜。要在全国范围内选择不同地区开展试点，重点探索农村集体建设用地平等入市交易、实现同地同权同价，农村宅基地有偿获得使用与交易，扩大农村住房交易范围（包括对城镇居民开放），赋予农民住房抵押权、担保权等改革内容。❶

---

❶ 黄汉权．农村建设用地改革与城镇化发展［J］．中国国情国力，2015（11）．

党的十八届三中全会后，北京市按照中央"建立城乡统一的建设用地市场，在符合规划和用途管制前提下，允许农村集体经营性建设用地出让、租赁、入股，实行与国有土地同等入市、同权同价"的农村土地管理制度改革的要求，密切关注国家相关政策动向，加快推进集体经营性建设用地入市改革工作。

2014年，通过认真遴选，经北京市委、北京市政府研究同意，北京市将大兴区作为北京市的试点区县，积极向国土资源部申报试点。推进农村集体经营性建设用地入市，建立城乡统一的建设用地市场，涉及我国土地管理制度重大变革。其实质是地权问题，核心是土地收益分配问题，而根本又是农民利益保障问题。直接涉及物权法、土地管理法、担保法、城市房地产管理法等土地管理制度和法律法规的修改完善。目前，中央已正式出台了指导意见，进一步明确了开展农村集体经营性建设用地入市试点的目标任务、相关原则，以及流转对象、前提条件、范围途径等政策要求。国土资源部也正在研究制订试点实施细则。北京市国土局将按照实施细则规定，编制大兴区试点方案，报北京市委、北京市政府审核，并正式上报国土资源部批准后开展试点。

农村集体土地在历史渊源、结构布局、产业特点等诸多方面，都与国有土地存在着较大差异，需要合理确定政府职能，从管理制度、规划管控、用途管制、计划调节、市场交易、批后监管等多个层面和多个环节入手，研究集体经营性建设用地的入市管理机制，设置关键节点，拟订北京市农村集体经营性建设用地出让、租赁、入股试点管理办法。

第三节 新型农村社区集体建设用地使用权流转机制创新

我国严格限制农村集体建设用地使用权流转的制度已成为新型城镇化的严重障碍，在新形势下引发了多方面的矛盾和冲突。如何在守住18亿亩耕地红线，保证耕地不减少，保证国家粮食安全的前提下，解决城镇化的建设用地问题，维护农民的土地权益，降低工业化和城镇化的社会成本，是我国社会转型

和新型城镇化进程中面临的重要课题。❶

一、农村集体建设用地使用权流转机制创新对新型城镇化发展的意义

城镇化的关键是人的城市化，对此，学界和政府部门已经基本达成了共识。然而，如果未解决农村土地流转问题，城镇化进程中农民的土地权益得不到有效的保障。一方面，在目前城镇新增建设用地受到越来越严格控制的社会条件下，新型城镇化势必将面临建设用地瓶颈；另一方面，在农民转变为城镇居民后未能获得充分、有效的社会保障，并享受各种基本公共服务的情形下，人的城市化也不可能真正得到有效实现。城镇化并不是简单的农民身份转变为市民身份，并不是简单的非农户籍人口比例的大幅度提升，也不是建造多少高楼大厦，把农民"赶上楼"，其关键是农民转变为城镇居民后，能享受到与原城镇居民同等的待遇和福利，能享受到不低于城镇居民所享受水平的医疗、养老、劳动等各方面社会保障。而这不能单靠政府部门提供和保证，应通过对农民土地权益的保障，通过对农村集体建设用地使用权流转制度的改革和创新，让农民分享到城镇化带来的"红利"。人的城市化和农村土地制度的改革创新，是新型城镇化进程中面临的两个相互关联的问题，对这两个问题应当予以联动协调解决，否则，新型城镇化的目标就很难实现。

按照我国目前相关法律和农村土地政策的规定，农村集体建设用地向城市的流转受到极为严格的限制，我国传统的城市新增建设用地的唯一来源是国家对农村土地的征收。然而，由于法律对公共利益界定的模糊，造成在城市的建设和发展中，众多商业用途的开发项目需要使用农村集体土地的，也被政府以公共利益的名义向农民集体征收并被高价出让，地方政府获得巨额的土地级差收益，并成为地方财政收入的重要来源。

另外，我国《宪法》第十条、《土地管理法》第八条均规定，城市市区的土地属于国家所有，似乎也为地方政府在城市的建设和发展中征收农村土地提

---

❶ 屠世超. 新型城镇化亟待农村集体建设用地使用权流转机制创新[J]. 广东土地科学, 2014(2).

供了充分的法律依据。诚然,我国严格的土地用途管制制度、严格限制农村集体建设用地流转的制度,以及政府通过对农村土地的征收和国有土地使用权有偿出让制度形成的对城市建设用地一级市场的垄断,对保障城市建设用地市场的规范有序发展、节约利用城市建设用地,起到了重要的作用,但毋庸讳言,该制度也在很大程度上侵害了农民的利益,制约了农村经济社会的发展,导致了农民的机会贫困,并进一步固化了城乡二元的经济社会结构。该制度的实质是严格限制了农民的土地发展权,使农村土地制度成为我国工业化和城市化的重要"制度红利"。农村和农民为我国的工业化和城市化发展,做出了巨大的牺牲和贡献。

  按照我国现行法律法规的规定,国家对农村集体土地征收给予的补偿是比较低的,而农村土地征收后经出让进行商业开发,却有着巨大的升值空间。土地商业开发的增值部分主要为地方政府和开发商所获得,现行农村土地级差收益的分配机制是严重不公平的,存在严重的缺陷,由此也引发了地方政府与农村集体经济组织和农民之间的尖锐矛盾,并成为影响社会安定、和谐的不稳定因素之一。对此问题,中央高层已经有了清醒的认识,中央有关文件和李克强总理的讲话中多次提到要有序推进农村土地管理制度改革,完善农村土地征收补偿办法。然而,单单靠提高农村土地的征收补偿标准是远远不够的,对城镇化进程中农民利益的充分保护,应体现在农村集体建设用地使用权流转制度的改革创新上,应充分尊重和保护农民集体的土地发展权,建立城乡统一的建设用地市场,逐步实现城镇化进程中农村集体建设用地使用权在符合城镇建设规划和土地利用规划前提下的可自由流转。

  新型城镇化是否会导致新一轮的房地产热,一直是政府部门和社会各界关注的问题,也是中央政府要采取各种有力措施极力避免的问题。然而,在现行的征地模式下,地方政府为获得巨额的土地级差收益,并取得推进城镇化发展、推动地方经济发展的政绩,就难免会有强烈的征地冲动,甚至地方政府与开发商相互勾结,强征农村土地、强拆农民房屋的事件,也不免发生。不可否认,在某些地方,征地实际已经演变成为城市攫取农村土地的手段。我国房地产业发展过热、过快,房价上涨幅度过快,地方政府在一定程度上起到了推手作用。而随着房地产热的发展,农村地区尤其是城市近郊农村,出现了大量的农村集体土地的隐性流转，出现了大量的农村"小产权房"，对国家对房地产市场的宏观调控带来了更大的难度，并对房地产市场的健康发展造成了严重的影响。如果地方政府的征地行为得不到有效的规范和控制，城镇化造成新一轮房地产热就并非危言耸听，而如果大量的农村"小产权房"进一步涌现，则对城镇化的有序发展必将造成灾难性的后果。而所有这些问题的症结，在于我国严格限制流转的农村集体建设用地使用权制度。在新型城镇化背景下，农村集体建设用地使用权制度亟待立法变更，农村集体建设用地使用权流转亟待机制创新。

二、新型城镇化进程中农村集体建设用地使用权流转机制创新的路径

我国农村土地承包经营权的流转已经通过立法得到了确认，并已经取得了很大的成功，农村土地承包经营权的流转充分尊重了农民的意愿，维护了农民的合法权益，并推动了农业规模经营和农村经济的发展。相比较而言，我国农村集体建设用地使用权的流转却严重滞后，虽然有些地方早就进行了农村集体建设用地使用权流转的试点，并进行了地方立法的尝试，但始终没有得到普遍的推行。各地关于农村集体建设用地使用权流转的地方立法也是比较保守的，如广东省2005年制定的《广东省集体建设用地使用权流转管理办法》规定，通过出让、转让和出租方式取得的农村集体建设用地不得用于商品房地产开发建设和住宅建设。另外，一些地方农村集体建设用地使用权流转的实践做法，也往往受到不同程度的质疑。可见，我国对农村集体建设用地使用权流转问题采取的是极为谨慎的态度。

改革需要突破口，新型城镇化为农村土地制度改革和农村集体建设用地使用权流转机制创新，提供了一个很好的契机。新型城镇化并不是城市吸纳和吞并农村，而是农村向城镇化方向发展，逐步与城市接轨，使农村区域逐步具备类似城市的各种功能设施，使农民逐步享受到近似或等同于城市的各种公共服务和公共保障。新型城镇化应通过合理规划和布局，发展小城镇、加快中心镇建设，加快第二、第三产业的发展和产业结构的调整，吸纳农业转移人口，实

现农民就地城镇化，区别于传统的通过扩大城市规模吸纳农业人口的城市化方式。同时，新型城镇化通过发展小城镇、加快中心镇建设，承接大中城市溢出的各种要素和资源，并完善自身的各种功能和设施，加快公共服务体系建设，进一步向农村区域辐射和延伸，带动农村区域的经济社会发展。因此从本质上讲，新型城镇化的主体是农村和农民，小城镇、中心镇是联系城市和农村的桥梁，在统筹城乡发展和城乡一体化发展中具有举足轻重的地位。而从地域范围上讲，小城镇、中心镇属于城市与农村的过渡和中间地带，不应划入城市的范围。因此，新型城镇化进程中的建设用地完全可以在不改变农村土地集体所有的前提下实现流转，并且，新型城镇化进程中应充分发挥农村集体经济组织和农民的主体地位，而地方政府则应起主导作用。

新型城镇化进程中农村集体建设用地使用权以流转制度改革和机制创新的基本路径，应是在充分尊重农民集体的土地发展权的前提下，引入市场化运作机制，充分发挥市场在优化土地资源配置中的作用，允许农村集体经济组织代表农民集体将集体建设用地使用权以多种方式直接对外流转。这样，一方面解决了城镇化的建设用地来源问题，另一方面，更为重要的是通过保障农民的土地权益，有效解决了城镇化进程中农民的社会保障问题，更好地推动城镇化的发展。而地方政府则可以通过加强对城镇化建设规划和土地利用规划的管理，通过土地用途管制和严格的农用地转用审批制度，在城镇化进程中起主导作用，引领城镇化的发展方向，掌握城镇化的节奏，保障城镇化的有序发展。

新型城镇化进程中的建设用地应来源于存量农村集体建设用地，通过农村集体经济组织代表农民集体将农村集体建设用地使用权以对外出让、出租等形式，提供给用地单位。新型城镇化进程中需要使用农用地的，必须严格按照农用地转用审批制度经过相应的政府部门批准，并根据耕地占补平衡、城乡建设用地增减挂钩的原则，通过一定范围内的建设用地复垦和置换的做法，解决城镇化建设占用耕地的问题。因此，地方政府通过建设规划、土地利用规划和土地用途管制等法律制度，完全能够实现城镇化进程中建设用地的有序利用和集约利用，不会造成建设用地的无序扩张，也不必担心农村集体建设用地使用权流转放开后，能否守住18亿亩耕地红线和粮食安全的问题。农村集体建设用地使用权流转制度改革和机制创新，是在遵循现行城乡建设规划、土地利用规划、耕地保护和土地用途管制等公法制度前提下的改革和创新，并不是对相关公法制度的突破和背弃，因此，只要相关的公法制度得到严格的贯彻和执行，农村集体建设用地使用权流转制度改革和机制的创新应是可行的。我国城镇化进程中面临的并不是建设用地扩张导致耕地减少，以及土地管理立法不完善的问题，我国可谓有着世界上最严格的土地管理制度，我国城镇化面临的是相关的土地管理制度如何得到严格的执行，以及在严格的土地管理制度下，如何实现对私权的保护，充分尊重和保护农民的土地发展权，实现国家公权干预与私权保护的平衡协调问题。

三、新型城镇化进程中地方政府土地管理职能的转变

我国严格限制农村集体建设用地流转制度的社会基础是城乡二元的经济社会结构。在城乡二元经济社会结构下，农村土地是农民和农村社会的基本生活、生存保障，同时，农村的耕地又担负着重要的国家粮食安全任务，严格限制农用地的非农用途转变、严格限制农村土地向城市的单向流转，也就顺理成章。只有因公共利益的需要，才可以由国家对农村土地进行征收并转变为国有土地，征收成为农村土地向城市流转的唯一途径。然而，随着经济社会的快速发展、城市规模的扩展以及人口流动的加剧，农村土地对农民生活、生存提供基本或主要保障的方式，正在悄悄发生改变，已经从实物形态的保障转变为价值形态的保障，农村集体建设用地已成为农民的财产权。

另外，为实现城乡经济社会的平衡、协调发展，彻底改变农村面貌，发展农村经济并改善农民生活，让农村和农民分享国民经济快速发展带来的利益，就必须实行城乡统筹发展的战略决策。因而，在经济快速发展、社会转型以及统筹城乡发展的背景下，我国严格限制农村集体建设用地流转的经济社会基础已经发生了根本的改变，而在农村集体建设用地使用权流转制度改革和机制创新的同时，地方政府在城镇化建设和土地管理中的职能也应进行准确定位和相应的转变。

城镇化既是统筹城乡发展以及实现国民经济整体协调、健康发展的客观要求，同时也是广大农村地区和农民的主观愿望，农村和农民应成为新型城镇化

的主体。在新型城镇化进程中，应允许农村集体经济组织代表农民集体以市场化的运作方式，通过出让、出租等方式将集体建设用地使用权直接对外流转，也应允许农村集体经济组织通过设立独立的开发主体，或与其他投资主体在平等互利的基础上共同投资设立各种形式的开发主体，对农村集体建设用地进行商业开发，并在商业开发后对外流转。而地方政府则应加强对农村集体建设用地使用权流转的监管，并制定科学合理的城乡建设规划、土地利用总体规划和年度计划，通过相关的行政许可和审批制度，确保农村集体建设用地使用权的流转符合城乡建设规划、土地利用总体规划和年度计划，以及耕地保护、土地用途管制制度的要求。

同时，地方政府应通过其公共资源交易平台，为农村集体建设用地使用权的流转提供支持和服务，并建立公平合理的农村集体建设用地使用权流转的价格形成机制，切实维护农村集体经济组织和农民的合法权益。对于农村集体经济组织通过农村居民点整理，将节余的集体建设用地和宅基地复垦为耕地而获得的建设用地指标（俗称"地票"），也应允许其通过地方政府公共资源交易平台有偿转让，以实现与城镇化建设占用耕地的置换，实现城镇化建设中的耕地占补平衡，并通过市场化的交易形成城镇新增建设用地指标的公平合理的价格，切实维护交易各方的合法权益。而地方政府应加强对建设用地指标交易的引导和管理，合理确定受让建设用地指标的主体范围，确保农村集体建设用地和宅基地复垦为耕地取得的建设用地指标主要用于新型城镇化建设，保障新型城镇化的建设用地来源，促进新型城镇化稳步、健康发展。另外，地方政府应完善农村集体土地登记制度，加强对农村集体建设用地使用权流转中的土地权属变动登记，为农村集体建设用地使用权的流转提供完善的制度保障。

对于农村集体建设用地使用权流转产生的土地级差收益，应在农村集体经济组织和地方政府间进行合理分配。土地级差收益应大部分归村集体经济组织所有，并主要用于城镇化建设中居民点整理的资金平衡，完善城镇公共设施、公益设施的建设，以及农民转变为城镇居民的社会保险、公共服务等，政府只能收取法律规定的税收收入和市政配套建设费等有关费用，以切实维护农民和农村集体经济组织的合法权益。同时，应完善农村集体经济组织的法人治理结构，加强对集体土地资产、集体建设用地使用权流转收益及其他集体资产的管理，加强对集体建设用地使用权流转收益用途的监督，保障农村集体建设用地使用权流转收益主要用于城镇化建设和农民集体利益，促进新型城镇化的稳步、健康发展。正视农民的理性需求，充分尊重和保护农民的土地发展权，科学引导农民依法行使土地发展权，是各级党和政府必须认真对待的问题，并应当站在国家长治久安的高度认真对待和处理。

  在新型城镇化进程中，只要政府对城镇化建设进行科学规划和管理，切实执行城乡建设规划、土地利用规划、耕地保护和土地用途管制等相关法律制度，对农村集体建设用地使用权流转进行科学引导和监管，农村集体建设用地使用权的流转应能够在可控的范围内，对于保障农村集体经济组织和农民的合法权益，推动我国城镇化的有序、健康发展，必将起到积极的作用。

第七章 新型农村社区服务体系建设与管理

截至 2009 年，全国已有 11% 左右的村庄开展了农村社区建设实验工作。中国农村社区的服务能力仍严重不足，目前仍有 10.6% 的村没有卫生室，83.3% 的村没有文化室，83.4% 的村没有公共体育场地设施，综合性社区服务设施建设刚刚起步。

为进一步完善农村社区管理和服务体制，中国各地将以县（市、区）为单位，考虑公共服务资源配置、人口规模、管理幅度等因素，考虑农民生产生活特点、乡土文化和风俗习惯，尊重农民群众的主体地位、民主权利，广泛听取农民群众的意见和建议，加快编制农村社区规划。

"按照'一村一社区'的要求，建设社区综合性服务设施，设置社区党组织、村民自治组织和其他各类社区组织，组织开展社区服务和社区建设。"

人口较少、面积较小、地域相邻的村将按照"几村一社区"的要求，组织开展农村社区建设；村规模较大但自然村分散、人口较多的村，将按照"中心村+错落"的要求，组织开展农村社区建设。为加快推进政府公共服务覆盖到农村社区，中国将依托农村社区服务中心综合服务设施，发展农村志愿者互助服务和与农民生产生活密切相关的各项专业化服务，逐步建立覆盖全体农村居民、政府公共服务、居民志愿互助服务、社会专业化服务的农村社区服务体系。

第一节　新型农村社区服务体系面临的困境及对策

一、新型农村社区服务体系建设面临的困境[1]

（一）资金来源单一，且缺乏有效的融资渠道

新型农村社区服务体系建设是一项资金投入巨大的基础性公共服务工程，资金投入是否充足以及融资渠道能否良性运转是农村社区公共服务设施能否建立的最关键性因素。

近年来，虽然我国经济有了持续快速发展，同时也加大了对农村社区建设的扶持力度，但由于长期受到城乡二元体制的影响，中央和地方各级政府对农村社区服务体系建设的投入远远不够，并且伴随着农业税的减免，全国大多数农村社区的欠债现象严重，资金来源渠道单一无疑成了新型农村社区服务体系建设的最大障碍。多位农村社区干部在谈到资金筹措时，都觉得是"老大难"。如何进一步拓宽资金来源，建立起行之有效的融资渠道是农村社区"两委"干部和居民做好新型农村社区服务体系建设的重中之重。

（二）服务设施总量供给不足，亟待建立和完善农村社区服务中心

农村社区综合服务设施作为农村社区服务的依托和载体，在农村社区服务体系建设中至关重要。有些村里的干部根本不重视对基础服务设施的建设和维修，连前些年建好的广场也没有了。

社区服务信息在传递的时候也只能通过广播和信息张贴栏，而不能通过更快捷的渠道。这些落后的方式使得村民们获取信息的速度迟缓，传递范围也较封闭。村里老年活动中心里面净是破桌子、破书、破板凳，整天锁着门，锁上的灰都落得很厚了。由此可见，完善的社区服务设施是农村社区服务体系建设

---

[1] 秦永超. 新型农村社区服务体系建设的困境与出路 [J]. 理论探索, 2013（02）.

的基本构成之一，如果一个农村社区连服务设施都没有，这样的社区又如何去满足居民各项服务的需要。

（三）专业养老机构欠缺，养老服务专业性不强

我国农村自古以来受到"养儿防老"传统观念的影响，直至今天依然以家庭养老为主体。原因主要有以下几点：第一，农村老人的居家观念较重，不愿意移居其他地方养老；第二，儿女们如果将老人送到其他地方养老，会被村民们说三道四，承受很大的舆论压力；第三，农村社区内没有比较正规的养老服务机构和从事养老服务的专业人士；第四，农村社区外的养老机构费用较高，大部分村民都负担不起。

目前，大部分农村老人都很支持在农村社区里建立专业养老机构，并且也愿意在专业养老机构里生活。父母之爱子，必为之计深远，专业养老机构也许会是很多老人安度晚年的理想选择。

（四）就业指导服务不到位，极少开展就业培训项目

失业待业人员这一群体在农村社区当中占有较大比重，如果农村社区干部能够调动这一群体的积极性，好好地发掘他们的主观能动性，必将会对农村社区的发展起到极大的促进作用。造成失业现象的原因如下：

第一，农村社区干部没有引导失业待业人员树立自主创业意识，"授之以鱼不如授之以渔"，与其给社区居民发放补助金，还不如将创业技术真正传授给他们，让他们自己发家致富；

第二，农民的传统乡土观念较重，文化素质较低，缺乏创新意识，即便是有培训机会也很难消化吸收，不敢而且也承担不起创业带来的风险；

第三，农村社区很少有宣传自主创业的宣传画和板报，没有营造农民可以凭借自己的智慧和双手而发家致富的氛围；

第四，缺乏资金支持，农民只有在解决了自己温饱的基础上才有可能去培养别的能力，所以没有足够的经济支持，农民对就业培训也提不起兴趣。

（五）卫生服务中心不完善，医疗体制不健全

农村社区医疗卫生体制不健全，"看病难，看病贵"一直是困扰农村社区居民的头号问题。由于卫生所和卫生服务中心较少，有些医生会随意抬高药

价，况且我国的医疗服务存在严重的信息不对称现象，农民对药理知识所知甚少，而医生相对来说占有绝对的优势，所以"看病贵"的问题长期得不到解决；在医疗卫生服务的监管方面又存在"第三方"付费制度以及监管不力现象，这很容易导致部分医生对个别农民蓄意夸大病情，给医疗卫生服务工作带来极大的困扰，由此"看病难"的问题应运而生。因此，在今后的新型农村社区服务体系建设中应重点建设和完善社区卫生服务中心，逐步解决农民的医疗问题。

（六）志愿服务范围较狭窄，专业性和持续性均有待提高

目前，我国城市社区的志愿服务体系已经发展得较为完善，然而农村社区志愿服务发展极为缓慢，构建一套较为完备的农村社区志愿服务体系仍然任重道远。由于农村社区不像城市社区那样周边守着诸多高等院校，因而就缺少了"大学生"这类比较积极从事志愿服务的群体，进而也就没有志愿者会经常到农村社区里进行打扫卫生、慰问老人孩子等志愿活动。有些农村社区即使开展志愿活动，也只是流于"一次性"的活动形式，活动的内容和质量不高，使志愿活动变得毫无意义。农村社区志愿者服务的持续性不够，有些只是为了应付上级检查，而所谓的"社区志愿者服务"也就是到社区里干点打扫卫生、清理垃圾之类的活儿，缺乏服务的专业性，服务范围狭窄，服务领域亟待扩展。

二、破解新型农村社区服务体系建设困境的对策

（一）建立多元投资模式和良性融资渠道，满足新型农村社区服务体系建设的资金需求

资金投入不足已经成为阻碍新型农村社区服务体系建设的最关键因素。虽然新型农村社区公共服务设施建设所需资金应该是政府主导行为，政府公共财政支出应占主体，但限于农村经济发展薄弱和政府财力有限，在推进新型农村社区服务体系建设中，应探讨建立多元投资模式和良性融资渠道，以化解农村社区服务体系建设资金不足的局面。

一是要建立健全政府财政预算的固定投入、专项投入机制，有条件的农村地区要先试行政府购买服务；

二是要改善农村社区公共服务项目的资源配置机制，大力推动新型农村社区服务体系建设有关项目招标，或委托代理社会服务项目，通过项目发包的方式，吸引更多的社会组织机构承接政府委托的社会管理和公共服务，建立可持续合作平台；

三是要加快成立农村社区服务体系的建设基金，广泛吸纳社会资金、社会捐赠支持新型农村社区服务体系建设。

（二）完善农村社区服务设施建设，积极推进劳动就业、医疗卫生等基本公共服务覆盖到农村社区

第一，根据服务管理方便、资源配置有效、功能相对齐全、社区居民自愿的原则，合理布局农村社区服务设施网络。充分利用农村社区已有设施，提高已有农村社区服务中心以及相邻社区服务设施之间的共享程度。完善农村社区服务中心的以下功能：一是组织农村居民开展民主议事、纠纷调解、公益慈善、邻里互助、志愿服务等活动；二是代办代理公共服务事项；三是为农村社区党组织和自治组织提供办公和活动场所，采集基础信息，反映居民诉求。

第二，依托农村社区综合服务设施和专业服务机构，开展面向农村居民的劳动就业、医疗卫生等基本公共服务项目。对农村就业劳动者开展多种形式的就业技能免费培训，组织农村就业劳动者进行初级技能培训，凡有培训愿望的农村社区居民均可参加政府补贴培训。建立农村社区居民健康档案，保证健康教育、预防接种、儿童保健、孕产妇保健、老年人保健等国家基本公共卫生服务免费向农村社区居民提供，建立慢性病管理、重性精神疾病管理、传染病及突发公共卫生事件报告和处理机制，逐步拓展和深化农村居民基本公共卫生服务内容。

（三）加强对农村社区留守群体的关注，落实与之相关的保障政策，切实保护其利益

第一，建立健全农村社区留守老人的养老服务体系。要建立以居家养老为基础、社区养老为依托、机构养老为支撑的新型农村社区社会养老服务体系。一是居家养老服务。它涵盖生活照料、家政服务、法律服务、医疗保健、精神

慰藉等，以上门服务为主要形式。二是社区养老服务。以农村乡镇敬老院为基础，建设日间照料和短期托养的养老床位，逐步向区域性养老服务中心转变，以农村新型社区为基点，积极探索农村社区互助养老新模式。三是机构养老服务。以设施建设为重点，积极吸引各类慈善机构和组织广泛参与农村社区养老。

第二，加强对农村留守儿童的关注，帮助其健康快乐地成长。由于隔代养育，农村留守儿童很容易被宠溺和娇惯，不利于孩子们的健康成长。针对这种现象，一要在农村社区里设立儿童娱乐活动室，为留守儿童提供一个集体活动场所，让同龄的孩子们可以相互接触，学会相互理解和关心；二要定期邀请一些专门从事儿童社会工作的人员来农村社区开展讲座，讲解怎样与孩子们进行沟通和交流；三要动员公益机构和志愿者来农村社区与孩子们进行互动，引导孩子们树立快乐、自尊、互助的意识。

（四）构建以高校专业师生为指导和以新型农村社区为平台的农村社会工作队伍建设模式

第一，以高校专业师生为指导，建立一支专业化农村社区服务队伍。要充分利用高校的教育资源，发挥其专业优势，带领农村社区服务从业人员开展服务，建立教育界与实务界之间的良性互动。通过高校师生专业化的传、帮、带，增强基层农村社区服务人员的社区服务理论水平和实务技巧，为当地创建一支本土化的社区服务队伍。

第二，以新型农村社区为平台，发挥其对农村专业社区服务者、社会组织和志愿服务者进行管理和服务的功能。

一是专业岗位开发。设立专门社区服务岗位，如针对留守老人和留守儿童开展专业服务，在社会救助、精神卫生、就业援助和社会福利服务等方面开发综合性专业社区服务岗位等。

二是社会组织参与。加大政策扶持力度，通过政府购买服务、设立项目资金、活动经费补贴等途径，积极引导各类公益性、互助性和慈善性社会组织广泛参与农村社区服务。

三是志愿服务互动。探索社工带动义工的农村社区志愿服务模式，实现专业社工与志愿服务者的良性互动。建立党委政府倡导，专业社工引领，社区组织扶持，离休老人、大学生和红领巾等"本土义工"广泛参与的以"学习雷锋，奉献他人，提升自己"为理念的农村社区志愿服务新格局。

第二节 新型农村社区医疗卫生体系建设

当前，群众看病难、看病贵的问题仍是全社会普遍关注的热点，也是新型农村社区医疗卫生体系建设的重点。

一、当前新型农村社区医疗卫生体系建设存在的问题

（一）村医和村卫生室困难诸多

目前各县区的偏远乡村由于受人口稀少、居住分散、缺乏从业人员、维持成本较高等原因，有不少自然村没有设立村卫生室。条件好点的村虽设立了一定数量的村卫生室，但存在着很多困难和问题。①缺乏人才，技术能力普遍薄弱，尤其公共卫生服务能力亟待提高。②收入低，一些村医缺乏工作热情。③卫生室的房舍条件普遍较差，一些村卫生室办在村医家里或者废弃的学校等条件较差的场所。

（二）多数乡镇卫生院缺乏优秀卫技人员、设备相对不足

第一，乡镇卫生院编制不足。目前乡镇卫生机构的人员编制远远不能适应当前新增加的新型农村合作医疗和公共卫生工作等任务的需要。

第二，用人机制不畅，人员结构亟待优化。在乡镇卫生院工作的优秀专业技术人员相对较少。

第三，投入机制不科学，随意性较大。一些县级财政对乡镇卫生院实行差额拨款，相当于职工工资的60%~70%，效益不好的卫生院职工工资待遇得不到保障，直接影响职工的工作热情。

第四，基层卫生院的诊疗设备相对缺乏。虽然近些年来，各地施行的卫生项目为基层配了不少设备，但其中一些不适用，一些存在着质量问题，多数卫

生院实用的诊疗设备仍显不足。

(三) 县区级医疗机构卫技人员相对不足，队伍建设缺乏合理保障

1. 人员定编不足。目前的编制都是多年以前核定的，数量偏少，已不符合当前医疗服务的发展和需要。

2. 用人机制不畅。用人单位自主权不够，致使需要的人进不来，进来的人不满意。

(四) 城市社区卫生服务体系建设有待加强

1. 社区医疗体系建设尚处于初始阶段，服务能力亟待提高。社区医疗机构多是个体医疗转型的，服务能力参差不齐，较难满足社区居民就医和享受公共卫生服务的需要。

2. "转诊制度"落实难。从实际效果看，从社区卫生服务机构往医院转没什么问题，但受利益驱使和部分社区卫生机构自身服务水平不高等因素，从二级以上医院往社区转患者存在很多问题。

(五) 就医难仍是群众反映较多的问题

1. 卫生资源分布不均。城乡三级卫生服务网络虽初步形成，但尚未完善。因此基层广大群众普遍对医疗设备不足、医务人员短缺、诊疗水平有限的村卫生室和大部分乡镇卫生院缺乏足够的信任，农村患者大量涌进县市区级医院，甚至到地区市级医院就医。结果导致基层医疗资源闲置，二级以上医院"人满为患、病床难求"。

2. 近几年，在各类参保人员医药费的报销方案和具体报销规定中，门诊患者的诊疗费用报销很少，甚至不报。而住院患者的费用报销比例较高，这种利益引导，使许多症状较轻的患者也要求住院，挤占有限的床位，浪费医疗资源。真正需要住院治疗的患者住不进院，给群众带来"看病难、费用高"的不满情绪。

(六) 疑难杂症的防治形势较为严峻

以运城市为例，该市各类疑难杂症发病率在近些年大幅度回升，并呈低龄化高发型特点，形势十分严峻。疑难杂症患者往往是上西安、跑北京，医疗报销又十分有限，有很多还不属于报销范围。这不但给患者造成极大的痛苦，而

且加重患者家庭医疗负担，导致一些居民"因病返贫、因病致贫"，因此疑难杂症的防治工作必须引起我们的高度重视。

二、完善新型农村社区医疗卫生体系的建议

（一）加强农村基层卫生人才队伍建设

运城市政府及其卫生主管部门应根据国家有关规定，合理核定乡镇卫生机构人员编制，改革用人机制，畅通进人渠道，进一步完善乡镇卫生院院长、医师、护士的聘用办法，鼓励、吸引优秀卫生技术人员、医学院校毕业生到基层服务。充分利用市直各大医院、技术院校有计划地培训乡村医生和乡镇卫生技术人员，实施乡村医生培训项目，为乡村培养临床骨干和医技、检验等全科医生，改善农村基层医疗卫生队伍结构。

（二）加快推进城市医疗卫生资源结构性调整

医疗部门在审批新建的社区卫生机构时要综合考虑人口分布、医疗资源布局等因素，以满足群众就医的需要。各级政府要建立针对社区卫生服务稳定的投入机制，按照有关政策，及时划拨资金保证机构的正常运转。社保部门要将群众认可的社区卫生机构纳入医保定点机构范围，推行社区首诊制度，引导患者到社区就诊。卫生部门要对二级以上医院严格监督，逐步落实真正意义上的双向转诊制度。

（三）对县市区级以上医疗卫生机构的管理机制进行完善和规范

政府要组织卫生局和相关部门，认真研究，将医改政策和运城市实际相结合，尽快规范和完善县市区级以上的公立医院、疾控中心、妇幼保健机构的管理方式，努力建立"监督到位、管理规范、投入有效"的运行机制，达到提升技术水平、改善服务态度的目的，确保运城市医疗卫生事业的健康发展。

（四）完善各类参保人员医药费的报销规定

各主管部门要到医疗机构和患者中间认真调研，在不违背国家政策的情况下，进一步调整、细化并调高医药费用的报销比例。加强宣传力度，充分发挥报销的导向作用，使患者逐步做到分级诊疗，使病症较轻的患者多在门诊、社

区、基层医疗机构进行诊疗，逐步缓解二级以上医院的住院压力。使需要住院治疗、病情较重的患者能够便捷入院，并享受到满意优质的住院服务。

第三节　新型农村社区教育建设

社区教育是在一定的地域范围内，充分利用各类教育资源，旨在提高全体社区居民整体素质和生活质量，促进社区经济建设、社会发展和教育发展的教育活动。农村社区教育与通常意义上的社区教育有一定的差异性，农村教育主要分为学校教育和社会化教育两种方式，学校教育主要为学生提供制度化的知识、技能等方面的培训。

社会化教育则是人通过各种途径，学习社会知识、技能和规范，从而形成自觉遵守与维护社会秩序的价值观念和行为方式的过程。虽然二者有时交叉，但因为社会化的教育通常寓于日常生活中，所以其主要由家庭和社区来承担。一般我们所指的农村社区教育是指以村落为社区的基本单元，以农村家庭和社区寓于日常生活中的社会交往、民俗活动等为载体，培养人们自觉遵守与维护社会秩序价值观念和行为方式的社会化教育。

一、新型农村社区教育的概念界定

社区教育，尤其是农村社区（我国农村人口占多数）教育要根据人的发展规律为未知的社会培养新人。新农村是指在社会主义制度下，反映新时期农村社会以经济发展为基础、以社会全面进步为标志的社会状态。党的十六届五中全会指出，新农村建设要培育有文化、懂技术、会经营的新型农民。所以，社会主义新农村建设的内涵之一，就是要培育符合现代社会需要的新型农民。[1]

新农村建设的主体是广大农民，农民的素质不提高，就不可能真正实现新农村建设目标。因此，需要在大力发展农村经济、提高农民收入的基础上，加

---

[1] 曾玉林．新时期我国社会主义新农村建设的内涵与目标［J］．云梦学刊，2008（3）．

强农民思想道德、职业素质和文化素质的培养，努力培育一代具有良好精神风貌的有文化、懂技术、会经营的新型农民。培养新型农民的主要方式是新农村社区教育，新农村建设为新农村社区教育提出了新的命题，同时也提供了新的发展空间。

在我国，一般认为，社区教育是整合了社会、家庭和学校教育的终身教育体系。社区教育具有全员、全程、全面的特点，它把教育延伸拓展到基层社区，满足社区居民，特别是大批离开了学校的社区居民的教育培训需求，有效地填补了我国大教育体系中的一些薄弱环节，满足了社区居民多样化的学习需求。

在全国社区教育实验过程中，教育部把社区教育定义为：在一定地域范围内，充分利用各类教育资源，旨在提高社区全体成员整体素质和生活质量，促进区域经济建设和社会发展的教育活动。这里的地域范围，一般是以大中城市的城区或县（市）为单位进行社区教育实验工作，在这个区域内，社区有一定规模的教育资源可以利用和开发，可以在较高层次上实行教育的统筹领导，可以动员较多的部门、团体参与社区教育，便于在较大的范围内通过构建教育培训网、创建学习型组织满足社区居民的学习需要。

二、新型农村社区教育的指导思想与目标任务

（一）社区教育的指导思想

坚持以马克思列宁主义、毛泽东思想、邓小平理论和"三个代表"、社会主义核心价值观等重要思想为指导，以科学发展观统领全局，坚持为新农村建设服务的方向，紧紧围绕经济社会发展的总体目标和总要求，统筹城乡发展，充分利用、拓宽和开发社区内的各种教育资源，努力实现学校教育、社会教育、家庭教育、正规教育、非正规教育的全面、协调和可持续发展，积极探索建立学习型社区的有效途径，构建有当地特色的终身教育体系，不断满足社区成员日益增长的多样化的教育需求，努力提高社区成员的整体素质和生活质量，为促进文明建设提供直接有效的服务。

（二）社区教育的目标

社区教育目标分近期目标和远期目标。近期目标为以服务经济社会发展、满足社区成员学习需求为宗旨，逐步建立和完善各级各类教育相互衔接沟通、共同发展的社区教育体系，为每个社区居民提供层次、类别和形式多样的教育机会，做到学者有其位，提高社区居民素质和生活质量，推动新农村建设的持续发展和全面进步。远期目标为创建一个"人人是学习之师，时时是学习之机，处处是学习之所"的社会文明、终身教育气氛较浓的社区文化环境，建设学习型社会。

（三）新型农村社区教育的主要任务

1. 进一步加强宣传、营造终身学习氛围。

坚持社区教育"立足于民，服务于民"，以构建终身教育体系和创建学习型社会为目标，加强社区教育的宣传工作。通过组织学习活动，培养社区成员的社区归属感，强化社区意识；引导社区成员逐步树立"人人是学习之人，时时是学习之机，处处是学习之所"的终身教育观念，积极营造良好的全民学习、终身学习氛围。

2. 大力开展多层次、多内容、多形式的社区教育活动。

大力开展继续教育、职业教育、市民教育、青少年教育等各类教育培训活动。充分发挥社区教育三级教育网络和各类培训机构的作用，努力满足在职人员的岗位培训、下岗失业人员再就业培训、老年人群社会文化活动、弱势人群提高生存技能培训、外来人群适应城区社会生活培训等各类人群的学习需求，积极抓好社区内的婴幼儿、青少年学生的校外素质教育，加强未成年人的德育工作。通过开展多层次、多内容、多形式的社区教育活动，丰富市民业余生活，提高市民整体素质与生活质量，不断满足市民日益增长的学习需求，为市民学习、培训、健身、娱乐提供服务。

3. 充分利用、拓展和开发各类教育资源，形成社区教育培训网络。

充分利用社区内现有各类教育资源，本着因地制宜、分步实施、不断完善、形成一体的原则，横向联合，纵向沟通，实现教育资源共享，使现有教育资源发挥更大的作用。各类学校、教育培训机构和各种文化体育设施都要有组织、有计划地向社区开放，积极开展多种形式的社区教育活动；在整合、利用现有教育资源基础上，形成以市民大学为龙头、乡镇（街道）社区学院为骨干、社区（村）的社区学校等为基础的社区教育网络，满足居民多样化的教育需求；要积极创造条件，充分运用播放教学光盘、收视卫星电视教育节目、计算机网络教学等现代远程教育手段开展现代远程教育，构筑起全民学习、终身学习的平台。

4. 重视师资队伍建设。

充分调动各类学校、社团、单位和志愿者的积极性，整合各类人才资源，组织一支专、兼职及志愿者相结合的社区教育的工作队伍，开展各种业务进修学习，特别是社区教育基本理论和方法的培训，不断提高社区教育师资的专业素质，逐步形成一支有力地推进学习化社区的骨干队伍，保证学习化社会终身教育的良好运作。完善用人机制、激励机制和流动机制，以保证师资队伍的健康成长。

5. 加强管理和指导，规范社区教育。

为提高社区教育办学质量，顺利实现社区教育的目标，必须规范社区教育管理体制和运行机制，成立市社区教育委员会，制定市民大学章程，加强对社区教育的管理。比如：加强对社区学院、社区学校的建设和指导，派员参与社区学院、社区学校的教育管理、教学工作；在校舍设施改造的同时，抓好软件建设，重点放在教育大纲、教材编撰、教研活动上，规范教育教学活动；完善社区教育活动的检查、考核、表彰、奖励制度。

6. 开展社区教育研究，不断提高理论水平。

充分发挥市民大学在社区教育中的龙头作用，组建社区教育理论研究机构，制定科研管理制度，开展社区教育理论研究。抓住社区教育实践中亟待解决的问题，确定研究课题，有组织地开展社区教育研究工作，提高社区教育理论水平，将社区教育的发展置于教育理论指导之下，提高社区教育决策的科学性，推动社区教育科学发展。

三、新型农村社区教育的功能

社区教育的功能主要是提高社区成员的整体素质，促进社区发展。可以发挥如下五大功能。

（一）公民教育功能

现代社会要求社会成员首先应当具备基本的公民素质，包括自觉履行公民义务、遵守社会公德与人际关系准则、具有积极的精神风貌和民族自尊感等。我国历来重视精神文明建设，2001年推出的《公民道德建设实施纲要》明确指出，社区在公民道德教育中有着义不容辞的责任。社区是公民教育的基本载体，通过各种形式的社区教育，可以提高社区内居民的政治、道德与法律等素养。公民道德教育是社区教育的一项基本职责和功能。社区公民教育的内容广泛，涵盖了科学、道德、法制、信仰以及其他与社会主流价值观相符的教育活动。社区教育可以结合本社区的实际，通过制订居民公约、村规民约等自我管理、自我教育、自我约束的制度，把道德教育引导和规范约束结合起来，经常不断地进行精神文明教育，使其取得更好效果。

（二）社区凝聚功能

在英美等国家，以社区为中心设置的社区教育中心与社区学院，都是以社区居民为对象，为居民提供教育、社交、文化活动的机会，开展各种教育活动。参加者没有年龄、地位限制，大家在共同学习、共同游戏的基础上接受教育。在我国，学校教育的规范性，特别是正规学校的教育对象限定在青少年儿童，使得其他人的受教育机会受到了限制，在很多方面显得过于死板。社区教育克服了学校教育的这一不足，面向社区内的全体居民，十分强调社区共同的文化、共同的行为规范、共同的生活方式和社区意识、社区隶属感，使社区教育在形成社区居民积极的价值观、态度和道德品质方面能够发挥出最大的凝聚功能。一方面，它使每个人的特性得到发展、志愿得到实现；另一方面，加强了社区居民相互间的理解和协作。

（三）社区发展功能

社区教育的本质功能就是给社区内不同年龄、不同层次、不同职业的全体居民，提供尽可能优质的教育资源和多样化的教育机会，满足他们的学习需求。社区教育的持续深入发展，要求并拉动社区领导者、管理者重视建设优美舒适的人居环境，建设绿色社区、文明社区、网络社区，营造有利于人的全面发展、社区全面发展的良好氛围和人文环境，逐步形成全民学习、终身学习的学习型社区。社区教育的发展促进社区居民素质的提高，进而也促进了生产力发展，丰富了居民的精神文化生活，提高了生活质量。社区教育为社区发展提供精神动力和智力支持，营造良好的文化环境，通过整合社区的教育资源和教育行为，为居民的教育需求提供便捷有力的支持。个人、家庭、企业和政府共同参与到社区教育中，共同关心社区的各种问题，加强对话、理解和沟通，有利于共同推进社区发展。

（四）文化建设功能

社区是一个包括自然环境、社会环境和规范环境的"复合生态环境"。其中规范环境是人类独有的一种价值环境，包括社会风气、民族传统、风俗习惯、社会思潮、艺术、科学以及宗教等，构成人成长的文化资源。作为居民的生活空间，社区不仅应当有适宜的自然环境，而且要有丰富的文化环境。学习化社会的理念要求人们以一种整合的观点来看待各种教育资源，学习的场所不再仅仅局限于学校，家庭、企业、社区同样应当在学习化社会中扮演重要角色。社区教育是学习化社会的基本形态，是实施终身教育和终身学习的载体和基本保障。通过发展社区教育，社区成为有着丰富的学习资源的学习化社区，终身教育与终身学习获得广泛的社会支持。同时，学习化社区作为学习化社会的组成部分，对于构建学习化社会具有奠基性的意义。

（五）资源整合功能

社区资源是社区发展的基础，社区资源整合是指将社区相关的社会资源协调成为一个整体。社区教育在协调家庭、学校和社会三者之间起到了中介作用，它能够统筹三者的教育力量，使三者形成一体化的新的教育格局。

首先，社区教育的实施、社区教育委员会的建立，使教育有了一个统一协调的组织，为学校教育与具有社区特点的经济、社会协调发展开拓了广阔前景，并从体制寻求到了学校、家庭、社会教育一体化的理想途径。

其次，学校向社区开放，发挥学校在社区发展中的作用，使学校同社会紧密结合，更好更快地反映社区、村镇在生产、生活和精神文化发展上的需要。

最后，社区教育可调动社区的一切教育资源，使其最大限度地服务于社区所有居民。

四、新型农村社区教育的发展途径

改革开放以来，经济社会得到快速发展，对从业人员的素质提出了更高的要求。但是，还有许多从业人员的素质不能适应行业发展的需要。开展社区教育，可以为他们实施终身教育提供良好的平台，也可以根据地方经济发展需要，为社会培养大批既有良好素质又有专业技能的人才，为经济发展提供人力资源保证。办好社区教育、建设学习型社区是一项涉及全社会的系统工程，为此应当逐步建立健全有效的保障机制。

（一）加强政府的统筹职能

加强政府对社区教育工作的统筹职能，关键是要建立科学、有效的管理体制和运行机制。根据社区教育实际，逐步形成了"政府统筹、教育部门主管、有关部门配合、社会积极支持、社区自主活动、群众广泛参与"的社区教育管理体制和运行机制。各级政府把社区教育工作纳入政府目标管理范畴，在政府的统一领导下，建立由政府主要领导和各职能部门负责人参加的社区教育领导协调机构——市民大学管理委员会。市民大学管理委员会的主要职能是统筹规划、协调指导社区教育。市民大学管理委员会建立例会制度，听取社区教育工作汇报，研究社区教育方案，决定有关社区教育重大事项。同时，把社区教育工作纳入教育督导评估的内容，定期进行检查评估，并予以奖励和惩罚。市民大学管理委员会由政府主管领导任主任，组织、宣传、人事、教育、财政、民政、劳动、公安、科委、工、青、妇等部门领导及骨干企业集团代表任委员。在教育局设立市民大学管理委员会办公室，负责全面规划，指导和实施社区教育计划。

由于社区教育开展的时间短，从制度层面到组织机构都有待于建立、健全。在制度上，系统的章程和规范基本上确立，但还有待在以后的实践中不断补充、完善；在组织上，初步划分市、乡镇（街道）、社区（村）三级社区教育网络，但尚未明确上下级隶属关系及其相应的职能。因此，要进一步探索和完善社区教育的管理体制和运行机制。政府要把社区教育工作纳入经济和社会发展规划，纳入教育事业改革和发展规划，纳入政府的工作职责范围之内。尤其需要政府统筹各方面力量，支持社区教育工作的开展，创造有利于社区教育的舆论氛围和政策环境。各有关部门要把关心、支持社区教育与自己的日常工作结合起来，各尽所能，为居民的学习和培训提供便利条件。

（二）加强师资队伍建设

发展社区教育的关键是要有一支优秀的师资队伍。从各地社区教育师资队伍建设的经验来看，各县（市）不同程度地建立了一支以专职人员为骨干，兼职人员为主体，专兼结合，适应社区需求，富有工作责任心与事业心的社区教育管理队伍和教师队伍。社区教育教师队伍分为专职、兼职和志愿者三类。专职教师指各级教育行政部门的社区教育专干。兼职教师选自职校教师，或社会聘任的技术人员。志愿者教师大部分是来自社会的退休专业技术教师，还有部分来自行政事业单位各部门的培训教师。专职教师队伍所起的作用是指导、督导与示范，兼职和志愿者教师是专业性与机动性的师资。

目前农村社区教育师资欠缺，教师的学历层次结构总体偏低，具有高、中级专业技能职称的教师比例偏低，专业技能教师相对不足。

首先，要壮大教师队伍，提高教师队伍的整体素质。同时，专兼职教师与志愿者教师要分工合作，常务性的工作由专职教师队伍主管，教学任务更多地依靠志愿者教师。

其次，要适当提高志愿者教师在经济上的待遇，在对志愿者教师进行能力评价与考核同时，还应在荣誉上给予鼓励，通过评聘优秀志愿教师等方式进行表彰，更好地引进一批优秀的教师与技术能手参与到社区教育中来。

再次，加强急需专业教师队伍的建设，对于专职和兼职教师要制定切实可行的培训计划，积极开展专兼职教师的定期培训和学习，提高社区教育工作者对社区教育的理性认识，并用理论指导社区教育的实践。

最后，要在专职教师队伍中培育社区教育研究队伍，在市民大学成立一个具有权威性的社区教育研究机构，由该机构组织、协调、指导开展社区教育理论和实践研究工作。

（三）多渠道筹措社区教育经费

社区教育是一项公益性事业，应着眼于社会效益。因而需要政府建立相应的财政性资金拨款制度，切实保障社区教育经费的正常来源。各有关部门要根据在开展社区教育工作中各自的职责和所承担的任务，落实相应的经费。另外，还要在社区建设资金中安排一定比例用于社区教育，通过采取"政府拨一点、社会筹一点、单位出一点、个人拿一点"的多渠道筹措经费的办法，妥善解决好社区教育办学经费。各地政府加大社区教育的经费投入，同时各界踊跃参与，基本形成了"政府出一点，社会出一点，集体出一点，个人出一点"的经费筹措机制。

但是，各社区教育资金投入不均衡，还要继续通过多种渠道广泛吸纳资金，加大落后地区的社区教育资金投入，促进全市社区教育的均衡发展。

（四）挖掘整合社区教育的资源

社区教育具有"全面、全员、全程"的特征。也就是说社区教育内容全面而广泛，包括学历教育、职业技能教育、社会生活教育、文化艺术教育、休闲娱乐教育等；社区教育对象涉及辖区干部、职工、农民、市民、外来人口等；社区教育过程涉及早期教育、青少年教育、成人教育、中老年教育等。仅社区教育资源已不能满足社区教育的需求，只有整合社区内各类教育资源，不断建立和完善社区教育的基地和网络，才能有效推动社区教育发展。

为此，需要有序整合各类教育资源，为社区教育服务。中小学的体育场所、图书馆、网络资源等积极向社会开放，为社区居民开设电脑、英语、健美操、烹饪、美容等培训班。职业学校为经商人员、产业工人、农村劳动力、下岗工人等，进行电子商务、电工、电焊、钳工、汽修、市场营销、烹饪等专业培训。工商学院、市民大学、电视大学，根据广大经商务工人员的需求，有针对性地设置专业，采用灵活、多样的方式，为社区居民提供学历进修或高层次培训的机会。

纵观新型农村社区教育开展的情况，各地条件的限制、各自的工作重心有所不同，目标措施也不尽一致，各部门之间没有得到充分的协调，社区教育资源还没有得到充分的开发和利用。为此，首先，要适应社会主义市场经济体制，探索利用、开发社区教育资源的新机制，引导现有教育资源向社区开放，发动各方力量投资兴建社区教育设施，积极探索社区教育体制改革。其次，要运用电大的教育资源，充分发挥电大的优势，合并电大和市民大学，整合社区教育网络。再次，要鼓励和引导社会各单位利用现有教育资源，开发新的教育资源，向社区开放已有的教育服务性设施，由开放发展到社区联办，再发展到以社区兴办为主的格局，逐步形成所有社区教育资源共享的机制。

第四节　新型农村社区市场服务

农村社区市场是以社区和社区系统为载体的直接满足社区居民物质和文化需要的市场。一方面，社区市场在社区中发挥着重要的作用，社区离不开社区市场；另一方面，社区市场存在于社区之中，以社区为载体，并受社区的限制和制约。与城市社区相比，农村社区受许多条件的限制，其市场的发展也落后于城市社区。

农村社区市场不同于农村市场，它以农村社区为基础，嵌入农村社区居民的生活，带有服务和盈利的双重性质，是消费品市场与农用生产资料市场的统一。它可以分为村落市场和集镇市场。村落市场一般只有几个便民店，或一些自发的路边市场、河边市场等。集镇市场有一定数量的中小商店群，或农村居民赶集的地方。

一、新型农村社区市场的特点

首先，我国现有的农村社区市场较分散，规模小，基础设施滞后。目前我国农村交通不发达，运输不方便，有不少行政村没有通公路，农用汽车、拖拉机无路可走。交易场地简陋，销售市场大多是露天的路边市场、河边市场、桥边市场，且有市无场。

其次，农村社区市场受时间和季节的影响较大。农业商品供求的季节性明显，农村是农产品生产基地，而农业生产又是以动植物为主要劳动对象的产业部门，具有强烈的季节性。因此，农村社区市场的农产品的供应具有很强的季节性。同时，农村居民受消费地区、收入时间、商品性质、消费时间、消费观念、集市年节假日等因素的影响，在消费品的购买上也形成了一定的时间规律性。

再次，农村社区市场缺乏多渠道、少环节、开放式、高效率的流通网络。其中最为突出的就是许多企业的农村销售网络极其薄弱，在欠发达地区的一些边远山区乡镇，几乎没有企业进驻，许多基层供销社承包租赁给个人，造成乡镇以下商品的品种极其有限，农民选择商品余地不大，商品的售后服务也非常不方便。

最后，农村社区市场的管理人口素质低，管理水平落后，市场流通秩序较混乱。这主要是因为农村社区居民的整体素质较低，社会控制比较弱，加之缺乏规范的市场运行规则以及权威的管理机构，执法人员市场法制观念淡薄，市场法规不健全。有些市场甚至是自发形成、没有组织的。

此外，由于农村社区居民的生活水平较低，所以农村居民的购买力差，市场的交换效率低。农村社区市场作为农村经济的一部分，它不仅具有适应功能，社区的整合也离不开它。所谓适应功能，是使社区与物质环境相适应。农村社区市场的适应功能包括其经济功能和服务功能。

二、新型农村社区市场的功能

（一）农村社区市场的经济功能

农村社区市场作为农村经济的一部分，也是农村市场的一部分，它的主要功能之一就是经济功能。从经济社会学的角度看，农村经济功能的载体，或者说是经济功能的基本单元是农村社区市场。当一个农村社区市场的经济繁荣起来时,这个农村社区的经济就具有活力,经济功能就比较强,同时社区的建设也会较好。

1. 农村社区市场的资金支持功能。

农村社区建设首要的是资金的支持,而在各种资金来源中,只有社区市场发展所形成的资金才最具有可持续性,是农村社区建设的根本保证。虽然我国现在加大了对农村建设的投入,但由于正处在社会转型、经济转轨的特殊时期,不可能像西方发达国家那样,主要依靠政府财政的大量投入来支持社区建设。更何况,西方发达国家的福利性财政扶持之路也步履维艰,财政连年赤字,靠借款来维持其福利开支。在农村社区建设中,财政支持只是输血,而发展农村社区经济是在建立造血机制。只有建立起这样的内在机制推动性,才能从根本上改变其运行机制,保证农村社区建设的持续发展。同时还因为农村社区一般比较封闭,通过社区市场可以增加它与外界的交流,促使其发展。

另一方面,农村社区市场多是一些中小型的便民店,或一些自发的路边市场、河边市场,也就是说市场上的多数销售者本身就是农村社区的居民,销售额是他们的主要收入来源之一。因此,农村社区市场不仅具有宏观意义上的经济功能,还具有微观意义上的经济功能。

2. 农村社区市场的服务功能。

服务居民是社区的一项重要功能。作为农村社区的子系统,农村社区市场不同于一般意义上的农村市场,它的宗旨应该与农村社区的宗旨相一致,即以人为本。因此,农村社区市场必须以农村居民为本,以满足他们需要为目的。农村社区市场的服务功能主要体现在满足居民的基本物质生活需要和精神文化需要,为他们提供农用生产资料。

随着社会的发展,农村社区居民经济收入水平有所提高,加上农业的季节性特点,农村居民的闲暇时间相对较多,他们对物质和精神的需求也在不断提高。有限的产品品种,以及薄弱的售后服务,已经不能满足他们的需要。在我国,农村社区市场的服务功能跟不上农村社区的经济发展,远不及城市社区市场,具有滞后性。

3. 农村社区市场的整合功能。

相对于城市社区而言，农村社区的整合程度高。前面已经提到，这主要是因为农村人口趋于同质化，人际关系主要以血缘关系为基础，居民间关系密切，具有较强的社区意思和归属感。除此之外，农村社区市场也发挥了重要的作用。一个系统的整合离不开每一个子系统。对于农村社区而言，其整合也少不了社区市场。农村社区人口密度较低，居民居住得较分散，在这种情况下，社区市场就起到了桥梁和纽带的作用。对于村落市场而言，散落的几个便民店就成了农村居民交流和人际互动的主要场所。农闲时，很多居民喜欢聚集在这些小商店周围话家常，而且店主也会在周围摆上一些桌椅方便大家。因为这里一般是村落的中心地带，交通相对便利。对于集镇市场也是如此，它联系着周围的一些村落，是范围更大的农村居民交流和互动中心。所以说，农村社区市场是维系社区团结的一个纽带，它通过增强社区居民间的联系，促进他们彼此之间的相互理解、支持与合作，从而增强社区居民的归属感和社区意识，达到一种社区整合。

三、农村社区与农村社区市场的协调发展

农村社区作为一个系统，它的发展离不开农村社区市场这个子系统。同时，农村社区市场的发展也要受农村社区和其他几个子系统的影响。因此，应该在农村社区与农村社区市场的互动中，促进它们的协调发展。

（一）通过农村社区市场的发展促进农村社区的发展

农村社区要发展，最重要的是达到社区的整合，使各个子系统全面发展、协调发展。因此，农村社区的发展离不开农村社区市场的发展。

首先，没有农村社区市场的发展，社区服务就会受限。如果社区市场不健全，很多企业不愿意进驻，就会导致市场商品品种有限，售后服务缺乏，最终影响社区的服务功能。同时，农村社区市场作为农村经济的一个子系统，发挥着农村经济的重要作用。经济发展是社区发展的基础，没有经济的发展，社区建设无从谈起。要从根本上改变农村社区交通不发达、基础设施滞后、社区服

务欠缺的问题，只有依靠发展经济。社区经济如何发展，培育和完善社区市场就是一条很好的途径。

其次，农村政治系统的发展也离不开农村社区市场的发展。政治子系统是通过社会控制来达到农村社区整合。由于农村社区风俗习惯和生活方式等受传统势力影响较大，使得其文化控制较强，组织和制度控制薄弱。而这与农村社区的闭塞、发展滞后有着直接的联系。因此，要加强社会控制，必须发展农村社区市场，促进农村社区与外界的交流，从而发展农村的文化系统。

最后，农村社区市场的发展有利于农村文化系统的培养。文化子系统是通过社会化来达到社区整合的。社会化最重要的途径就是教育。由于受经济、交通等的限制，农村社区的教育水平相当落后。虽然我国的希望工程帮助了很多失学儿童，但那是非常有限的。要发展农村社区的教育，根本途径是发展经济。此外，农村社区的闭塞，也不利于社区文化系统的发展。因此，可以通过发展农村社区市场，提高经济水平，促进农村社区与外界的交流。

（二）通过农村社区的发展促进农村社区市场的发展

农村社区市场是嵌入于农村社区之中的，因此它的发展必须以农村社区这个大环境的发展为前提。

首先，农村经济系统决定着农村社区市场的发展。我国的农村社区市场之所以发展有限，主要是因为我国农村交通不发达，运输不方便，交易场地简陋，基础设施滞后。农村社区市场很大程度上受交通的影响，在交通便利的地方，市场发育较好，反之，则较差。另一方面，农村社区居民的生活水平较低，所以农村居民的购买力差，导致市场的交换效率低。所以，社区经济不发展，社区市场也很难发展。

其次，农村政治系统影响着农村社区市场的发展。由于农村社区社会控制比较弱，加之缺乏规范的市场运行规则以及权威的管理机构，市场法规不健全，导致农村社区市场流通秩序较混乱。因此，要发展农村社区市场，必须加强农村政治系统的功能。

最后，农村文化系统的发展将促进农村社区市场的发展。农村社区教育的落后。容易使农村社区市场的管理人员素质较低，管理水平落后，市场法制观念淡薄,不利于社区市场的发展。事实上,农村社区与农村社区市场是互相影响、互相促进的,它们在互动中协调发展。农村社区市场的发展,能够提高社区的经济水平,从而加强社区的基础设施建设;农村社区的基础建设搞好了,交通便利了,必然也会促进社区市场的发育。农村社区市场的发展,能够加强对外经济交流,增加教育投资,从而加强社区的政治文化系统;政治文化系统得到加强以后,又能为社区市场提供强有力的保障和支持。

第五节　新型农村社区志愿服务

当前,我国农村社区建设方兴未艾。农村社区志愿者随之而来。但是,重建设、轻管理,重形式、轻内容,重命令、轻引导的现象还比较严重。村民对于为什么参加志愿服务、参加什么样的志愿服务等不明白的问题得不到解决。加强农村社区志愿者队伍建设,必须做到"四全"。

一、要抓好全民参与

只有全民参与,才能有效地把分散的农村居民组织起来,形成凝聚力。首先,要加大宣传力度,引导全民参与,通过村民学校、文化广场等平台,通过村务公开、村民会议等途径,树立志愿者队伍建立"人人为我,我为人人"的理念。同时,村两委成员、党团员、村民代表、驻村人大代表、政协委员等要示范先行,广泛参与志愿者队伍,言传身教。其次,要定位准确,吸引全民参与,要按照"分类指导,分层推进"的原则,对村民的服务要求和村民服务能力进行分类。确定不同层级的服务主体,建立不同层级的志愿者群体。最后,要建立相应的机制,保障全民参与。一方面,要尽可能地将志愿者队伍纳入到"村规民约"或"村民议事规则"之中,按小组划分一定的比例。明确其帮扶的对象和内容;另一方面,有条件的村要尽可能建立奖励政策和补贴政策,广泛开展评优创建工作,激励参与的积极性。

二、要抓好全程参与

志愿者队伍不能单纯地为建设而建设,更不能只在节假日拉出来摆摆样子,而是要有周期性地(比如一届三年)全程参与活动,全方位地参与活动,这就要求:第一,要建立志愿者队伍服务的登记考勤制度,从组建之日起做好服务登记,达到一定的量化标准;第二,要健全服务质量信息反馈和报告制度,确保志愿者的服务到位,村民满意;第三,要建立经常性的测评制度。以小组为单位进行自评,以村为单位小组互评。以确保服务热情的持续和服务的整体性。

三、要抓好全方位服务

要从提高群众生存标准和生活标准两个方面入手。

第一,要扩大服务对象,广泛为老、弱、病、残开展帮扶性服务,同时要把村级公共事务管理纳入服务对象之中,广泛开展民政保障、社会平安、农村文明和科技知识教育、文化体育等事业的服务活动。

第二,要丰富服务载体,以农村社区志愿者队伍为龙头,采取群体对群体、一对一等方式,将志愿者队伍服务与农村社会组织服务结合起来,将社群文化团体、经济合作组织结合起来,形成互帮互促的扭转。

第三,关注政策与法律宣传监督服务。组建村民普法队、社会保障政策义务监督员、基层治安联络员等专业性宣传队与监督岗,做到社情上下畅通。

四、要抓好全体系管理

志愿者队伍不是松散的组织,必须做到管用结合。

第一,民政部门尤其要发挥在志愿者队伍建设中的指导作用和专业协会的审批管理作用,确保其发展方向健康。

第二,要充分利用民主自治的方式加强管理,按照村级民主管理的办法建立志愿者队伍，按照民主评议的办法考核志愿者队伍，按照民主监督的办法约束志愿者队伍全面实行村务公开。

第三，出台制度，将志愿者队伍建设纳入到村级民主管理的范围之中，同时，民政部门每年要联合文化、卫生、社保等部门开展创建活动，切实从制度上给予保障。

【案例】

陈庄社区是山东省东营区第一个建设完成的新型农村社区，常住人口2960人，3~15岁青少年约500人。2016年，为促进青少年的健康成长，牛庄镇与团区委等上级部门联合，通过众筹的方式捐建了第一处农村青少年服务中心。在运行过程中，志愿者不断开发服务项目、拓展服务领域，为保证志愿服务工作的有效开展，再次发动爱心企业和个人众筹，最终建成第一家农村社区青年志愿服务站——陈庄社区青年志愿服务站。

志愿服务站占地面积250平方米，分为志愿服务大厅、心理咨询室、吕剧大舞台、爱心图书馆、快乐手工室、五四影院、萤火虫课堂七大功能区。服务站与胜利阳光、慧众等组织结对开展服务，现有固定人员2名，扶贫、心理辅导、吕剧教导等志愿者32人。服务站立足社区实际，以贫困人口和青少年为重点服务对象，先后开展了"四点半课堂""精准扶贫""暑期自护教育"等志愿服务活动。服务站高度重视志愿服务精神的传递，积极号召各方资源参与到志愿服务工作中来，牛庄镇青年自发组建了"我的军装梦"国防教育志愿服务队和微光科普教育志愿服务队，开展专业志愿服务十余次，不断丰富和壮大新型农村社区的志愿服务力量。

通过志愿服务，社区居民对社区建设和发展的满意度普遍提升，也都利用业余时间，发挥自己的所长参与到志愿服务中，形成了良好的社区互助的模式。

第八章 新型农村社区文化建设与管理

新型农村社区文化的建构与提升必须要在尊重乡村文化多源性的基础上，强化城镇新居民在文化建构中的主体作用，努力造就一支专兼结合、充满活力的农村新社区文化工作队伍。党的十八大报告指出："文化是民族的血脉，是人民的精神家园。"随着我国新型农村社区建设进程日益加快，新型农村社区文化建设的重要性和紧迫性日益突出。新型农村社区文化建设是整个新型农村社区建设的重要组成部分，对增强新型农村社区活力、带动新型农村社区整体发展与进步具有深远的影响。如何创造性地进行新型农村社区文化建设，并不断满足广大农民群众的文化需求，是新型农村社区建设亟待解决的重大现实课题。

第一节 新型农村社区文化的内涵与功能

一、新型农村社区文化的内涵

新型农村社区文化是指在新型农村社区区域当中人们的各方面行为所构成的文化系统，包括这一区域内人们的生活方式，也包括该区域内社会成员的理想追求、价值观念、道德情操、文化修养、生活习俗等。也就是说，它不仅仅指一种文化娱乐、文化设施，还包括人们的行为规范、民情习俗、信仰观念、人际关系等。新型农村社区文化一方面继承着中华民族的传统特色，另一方面随着改革开放的深入和市场经济的转轨而体现出现代人的特有文化内涵。因此，它既有着浓厚的地方印记和群众特点，也具有普遍性和相对独立性的特点。

新型农村社区文化的形态和层次如何，最主要应体现在新型农村社区的人文精神上。人文精神是在人生价值、人生观、目标追求、理想信念、道德伦理等方面所体现出来的精神状态，它包含着文明高尚、崇尚善良、健康向上的精神。新型农村社区的人文精神是社区文化的内核。新型农村社区文化不仅对社区成员有凝聚力和感召性，同时也为社区成员共同创造、共同承载、共同享有。

二、新型农村社区文化的功能

（一）人际沟通和愉悦身心的功能

新型农村社区文化的建设具有增强社区内人际沟通的功能。社区通过经常性开设各种人文知识、法律知识、健康知识等讲座和各种技能知识培训班，组建不同层次、不同年龄的体育健身等活动把社区居民吸引到一起，用文化润泽心灵、涵养人生，更好地丰富人们的精神世界，满足人们多样化多方面的文化需求。从而促进人们之间的文化交流、知识交流，共同创造一种亲善、和谐的氛围，密切人与人之间、人与社区之间、新型社区与大社会之间的联系；使居民通过丰富的文化、体育等活动来实现感知自我、认识社会，获得思想上的进步；愉悦身心、陶冶性情，获得精神上的满足和归属感。

（二）教化、培育及凝聚人们心理的功能

文化具有造就人、塑造人、凝聚人心的功能。文化对人的教育不仅表现在生产技能上，更重要地还体现在社会教育上。社区文化是一种黏合剂，它虽属于精神范畴，但它可以依附于语言和其他文化载体，形成一种社会文化环境，对生活在社区的人们产生同化作用，为人们的价值观、审美观、是非观、善恶观涂上基本相同的"底色"，也为人们认识、分析、处理问题提供大致相同的基本点，从而融合人们的生活方式、道德情操，培养和激发人们的整体意识和责任感、使命感，帮助人们正确地认识自己对国家、对社会、对家庭应负的责任和应尽的义务，并成为维系社会存在、社区发展的巨大力量。

（三）文化感染与价值导向的功能

任何社会形态的文化，本质上不只是对现行社会的肯定和支持，而且包含着对现行社会的评价与批判，社区文化也不例外，它不仅包含着这个社区"是什么"的价值支撑，而且也蕴含着这个社区"应如何"的价值判断。社区文化建设中的文化活动具有强大的感染力和亲和力，经常推出一些社区民众喜闻乐见的文化娱乐节目，有利于营造社区的文化氛围。新型农村社区文化在不断地、与时俱进地以一种新的价值理念以及由此而建立的新的价值世界为蓝图，给人们以理想、信念的支撑，从而有力地推动着社区的进步与发展。

（四）助推社区经济发展的功能

现代经济的发展使得文化的经济功能达到了新的高度。新型农村社区文化建设，一方面可以促使人们不断更新观念，开阔视野，提高素质，从而推动经济发展；另一方面社区文化又能够直接创造经济效益。文化就是经济产业。新型农村社区发展文化产业，就是发展经济，就是创造物质财富。文化产业具有可降低资源消耗、对环境承载力要求小、科技含量较高的特点，是典型的"低碳经济""绿色经济""朝阳产业"。有条件的社区大力发展文化产业，有利于扩大就业和创业，实现区域内的跨越式发展。

第二节　新型农村社区文化建设存在的问题及影响因素

一、新型农村社区文化建设存在的问题

农民生活的最大特点是日出而作，日落而息。而生活在新型农村社区的人住在楼房或独栋别墅里，他们通过土地流转或土地承包的方式脱离了与土地的联系，从事建筑、服务等非农工作，与城市居民一样，工资性收入成为主要经济来源，家庭支出构成也与城里人大致相同，其突出特点是正在"去农民式

生活",但其市民化转身仍然面临许多障碍。

（一）习惯于农村生活方式

新型农村社区拥有全新的自然空间和人文空间，既与城市社区不同，与传统村庄社区也不可同日而语。确切地说，它具有城市特质——高楼大厦、林荫大道和现代公共设施。从公共服务设施等器物上看，就建设规模和社区公共设施的品种和质量而言，新型农村社区既不是传统村庄社区的翻版，也不是旧村庄社区的再造，这类社区的硬件设施可以和城市社区相媲美。但由于生活在这里的农民对成为城市市民没有充分的思想准备，加之习惯于自在自由的农村生活，这就使得散漫、规则意识缺失的农村生活习惯，在社区生活中随时表现出来，如占用公共绿地种植蔬菜、在公共场地乱堆乱放、在公共场所随意乱丢垃圾等。这些不文明、不科学、不卫生的陈规陋习在新型农村社区随处可见，在管理缺失时表现得特别突出，这都是他们还没有适应新环境的表现。农村生活方式的惯性，是农民市民化转身的重要影响因素。

（二）非农化就业转换艰难

新型农村社区的居民通过土地流转或土地承包的方式脱离了土地，从事建筑、制造、加工、服务、修理等非农工作或成为农业工人，与城市居民一样的工资性收入成为他们主要的经济来源。但是新型农村社区的农民大多学历低、年龄大，转岗能力差，导致他们的就业领域十分有限，且大多是工作环境差、待遇低、强度大、工作时间长的工种。新型农村社区的许多居民由于就业困难，不得不选择设点摆摊，从事一些回报少、技术含量低、缺少可持续发展的工作。有的甚至不得不又回到农村，从事农业生产。巨大的城乡差距，高昂的生活成本，艰辛的就业历程，冷却了农民的"市民热情"，使他们难以融入城市生活，因此，很多人心里并没有认同自己社会身份的转变。

（三）市民身份认同比较模糊

在我国特殊的国情下，一般来说，从农民转变到市民是一个社会地位向上流动的过程。但从实际情况来看，新型农村社区的居民对自己社会角色的认同却并不一定如此。例如，他们对自己究竟是"市民"还是"农民"的看法就有疑问。尽管已经把新型农村社区作为城镇化的最后一级的组成部分，制度设计的目的是使农民获得与城市居民相同的社会身份和社会权利，但由于新型农村社区居民在养老保障、医疗保障等关系到自己切身利益的问题上，仍然游离于城市社会保障之外，与城市市民相比，他们的社会保障仍然是"低覆盖、低标准、低起点"。

由于这种保障对于他们来说与农民并没有什么差异，因此，许多社区居民认为自己的社会地位并没有发生什么变化。这种社会权利的"二元制"，在客观上强化了新型农村社区居民社会层面的失落感，使他们在内心深处难以认同自己新的社会身份。

（四）市民人格精神缺失

新型农村社区通过村庄整合等模式改变了居民的聚居模式，集中居住的生活模式打破了以往村与村、组与组，以及家族、宗族的传统居住格局，人口、家族结构异质化，形成了"大杂聚、小聚居"新的人际关系，并为人们提供了城市化的公共服务，目的是以城市性取代乡土性、以现代性取代传统性，逐步转变农民的思维方式、生活观念、行为习惯，使其拥有"城市性"，并最终成为名副其实的市民。但是，村庄社区的"社会关系及其残余，不管是物质的、意识形态的或其他，都会对现今的社会关系产生约束"，致使他们具有浓厚的农民情结，突出表现就是一些人拒交物业管理费，对城市文明生活难以适应，缺乏独立性、自主性、责任性、组织性和纪律性，以及积极进取、勇于创新等价值观和法治精神、自治精神。

二、影响新型农村社区文化建设的因素

文化具有"以文化人、润物无声"的功能，新型农村社区文化建设的缺失，在相当大的程度上成为影响社区农民市民化转身的重要因素。

（一）社区文化设施、组织和人才缺失，影响了农民对新生活的预期

基础设施是社区文化赖以存在的物质载体，没有这些硬件设施，社区文化就无从谈起。因为文化属于精神范畴，在一定的载体下形成一种社会文化环境，并对生活于其中的人们产生同化作用。由于政府在规划新型农村社区时标

准低，准备不足，多将其定性为"安置社区"，没有将其纳入城市社区管理体系，导致新型农村社区文化建设缺少公共财政经费支持，文化建设投入不足，硬件设施不齐全。很多新型农村社区缺少居民图书室、公共活动室、体育健身设施，没有电影院、KTV、娱乐场所等，更缺乏群众性的文化组织和文化活动人才，导致社区公共文化活动无法正常开展，农民在闲暇之时主要以看电视、斗地主、打麻将等方式消遣时间，或者做"宅男""宅女"。这样的文化氛围、文化生活和休闲娱乐方式跟农村生活并无区别，文化生活上的巨大差距直接导致了农民心理层面的失落感，降低了社区居民对未来生活的预期。

(二) 社区文化活动缺失，影响了社区凝聚力和农民归属感

公共文化活动，是人们增加彼此联系和了解，提高人们的公共精神和社区意识，培育社区归属感的重要平台。新型农村社区居民入住社区后，由于住房缺乏开放性，人们不再像以前那样自由而随意地相互串门，私人空间与公共空间断裂，以往以血缘、地缘为主的人际关系被解构。在个人的社会关系网络中，网络成员相互认识的可能降低，社会关系功能结构趋于开放、松散，其亲密程度大不如以前。

同时，社区内的农民为维持生计，每天忙于奔波，缺乏参与社区治理的动力。人们也因为工作差异而缺少共处的时间和空间，人们交往频率变低，即使是前村后屯的邻里，也逐渐变得陌生。社区除了居住功能外，其情感、文化、精神的沟通功能都在弱化。目前新型农村社区的体育活动、棋艺活动、演唱活动、科技教育、节庆文化等公共文化活动供给严重不足，更缺乏具有乡土特色的文化活动，如庙会等。社区公共文化活动不足，弱化了其情感、文化、精神的沟通功能，在客观上导致邻里互动和群体意识缺失，导致社区居民社区认同感不强。

(三) 社区民主管理缺失，影响了农民市民身份的转换

新型农村社区通过村庄整合等模式改变了居民的聚居模式，一般规模比较大，多者上万人，少者也几千人，异质化的社区人口和家族结构，导致了复杂的利益格局和多元的利益诉求，增加了社区管理的难度，并对社区管理人员的服务能力提出了"新要求"。但新型农村社区或委托于物业管理，或是由传统

农村社区管理者继续管理。前者只对物业管理负责，注重的是经济利益；后者由于缺乏协商等现代社区治理思想和技能，在实践中仍采用命令式的管理方式，缺乏推进社区群众民主管理、民主决策、民主监督的措施和行为。如此一来，导致新型农村社区管理方式陈旧混乱，造成社区管理者和社区居民的冲突时有发生，这种冲突在婚丧嫁娶、利益分割、人情往来、社区治理活动中表现得特别突出。这些冲突造成社区居民心理上的不适，阻碍了其市民人格的形成。

（四）社区制度文化教育缺失，影响了农民市民化转身的进程

制度是文化的重要形态，表现为一系列影响人类行为的规则或规范。对于新型农村社区而言，社区管理无疑被注入了城市社区管理的新"要求"，目的是再造新型农村社区居民的生活方式、价值观念与社会心理等，促使社区里具有乡土气息的农民向市民转化。但目前的制度文化建设也存在着缺失的问题，既没有把城市化的规则和制度纳入社区文化建设之中，对社区群众的消费观、时间观、娱乐观、价值观和信仰观等进行集中培训，也缺乏将遵章守纪等意识渗透到社区文化活动、学习活动之中，更缺乏处罚措施。一些新型农村社区虽然制定了新的规范，但往往只是写在纸上、贴在墙上，缺乏硬性规定和处罚措施。因为社区的人们大多是前村后屯的，因此，对于一些违反市民生活准则、文明规则等行为，也大多因为是熟人，不愿得罪人而熟视无睹，制度制定的初衷并不能够完整实现，结果导致社区内许多不文明行为的发生，如乱牵乱拉、乱挖乱建等随处可见。制度文化教育不足，影响了农民市民化转身的进程。

（五）公共文化服务缺失，影响了农民对新市民角色的认同

物化的产品和服务中的文化，对人们的生活习惯、价值理念、思维方式等会产生重要影响。当人们共同趋向某一类文化实物、器用时，他们直接就被相同的习惯选择和文化认同所联系起来。新型农村社区一般规模较大，但与人们生活密切相关的金融、购物等公共服务不足，特别是学校、医院较少，更缺乏酒吧、电影院、咖啡厅、KTV和非营利的公共文化机构等具有城市生活标志的公共文化产品与服务。社区公共文化产品与服务资源的短缺，造成了城市生活方式缺乏对农民的引领。公共文化服务缺失严重影响了社区文化建设，制约

了社区居民城市生活习惯、价值理念、思维方式的形成。据统计，有超过65%以上的受访居民对社区公共文化服务现状表示很不满意，认为他们是"二等"市民，没有享受到城市市民的待遇，这阻碍了他们对新市民身份的认同。

第三节 新型农村社区文化建设的途径与方法

新型农村社区是农民的"新型社会空间"。它的建设宗旨在于对接城市社区、消解城乡二元结构、推进农村城镇化和实现城乡一体化，因此，应当积极建设新型农村社区，促使农民向市民"华丽转身"。

一、多渠道筹措资金，加强新型农村社区文化设施、组织和人才建设

多渠道筹措资金是新型农村社区文化建设健康发展的前提。第一，地方政府要立足于高起点、高标准、高水平，对新型农村社区建设加强规划管理，把居民图书室、公共活动室、活动场地、体育健身、托幼教育设施等基本设施纳入社区建设规划。第二，各级政府要完善财政预算，安排新型农村社区文化建设的预算经费，社区文化管理部门要创新工作方式，加强社区与企业的联合，争取企业支持。第三，积极培育和发展各种基于共同爱好和兴趣的社区文化团体，积极组织人员申请文化建设项目，通过项目带动的形式支持群众性的文化组织建设，培植业余文化队伍；采取多种途径培训文艺骨干，开发社区业余文化人才资源，提高社区文化人才的政治素质和业务素质，储备文化力量。

二、开展多种形式的社区文化活动，帮助农民构筑市民价值观

"从社区建设与发展的角度看，当下社区发展的目标主要在于人精神层面的满意度、归属感、凝聚力。"为此，必须举办多种形式的社区文化活动，帮

助农民构筑市民价值观。首先,根据新型农村社区的实际情况,组织丰富多彩的社区文化活动,如各种体育比赛、棋艺比赛、演唱比赛等活动,引导兴趣爱好相同的人聚集起来,减少他们在社区生活中的失落感,使他们在享受到文化活动乐趣的同时,也不断地积累城市市民的生活方式、价值观、消费观念。其次,开展多种类型的文化交流学习活动。例如社区科技文化学习和技能培训、(高)校(社)区联合等文化交流活动,传播居民精神风貌和城市生活方式,彰显文化"以文化人、润物无声"的功能,营造城市居民的生活方式,引导社区农民逐步构筑市民价值观。

三、加强社区民主管理和制度文化教育,增强农民市民意识

新型农村社区建设不仅要使农村公共服务基础设施实现城乡一体化,也要加强社区个人道德规范和行为准则教育。

首先,新型农村社区管理要高标准高起点,制定社区居民道德规范、文明规则,充分利用社区的宣传栏、广告栏大力宣传,并结合实际情况进行市民化生活方式教育和培训;其次,要把市民道德规范、文明规则、环保意识、法律制度、权利意识等渗透到各种文化活动中,引导农民树立市民生活理念,遵守市民生活准则,再造社区公共活动空间;再次,要加大社区管理人员的培训力度,提高其文化素质,提高其合作、对话、协商等现代社区管理的基本技能和服务水平;最后,加强社区管理力度,坚决制止不文明的各种陋习,并进行必要处罚,着力营造社区群众讲文明、革陋习、树新风的社区氛围,使他们习惯于根据新型农村社区的规范表达诉求和履行职责。

四、延伸社区文化服务功能,激发农民主动市民化的热情

新型农村社区居民的"华丽转身"能否顺利实现,取决于新型农村社区有形和无形公共服务的建设水平。只要新型农村社区的水、电、路、气硬件服务都与城市社区相同,只要新型农村社区的社区管理、文化教育、医疗卫生等软件服务也与城市社区相同,新型农村社区就会有魅力和吸引力,农民就会主

动市民化。因此,各级政府应当树立"城乡生活不同类但等值"的理念,无条件地使农民与城市市民享受同等待遇,增加社区公共文化产品与服务的供给,进一步完善社区的服务功能。实现社区物业、保安、保洁、绿化、治安等公共服务供给的规范化、科学化,提高社区服务水平,通过"等值"的公共文化产品与服务的供给,让农民的价值观念、生活行为方式逐步与市民接轨。

第九章 新型农村社区生态环境建设与管理

农村生态环境的保护与治理不仅直接影响着农村经济和社会的全面可持续发展，关乎着整个国民的生活安全与生产发展，也直接影响当代人民的生活环境和子孙后代的健康。因此，农村生态环境的保护与治理工作将必然成为整个国家生态环境防治事业的重要任务之一。

当前，农村生态环境问题日益突出，不仅引起公众的广泛关注，也引起党和政府的高度重视。中央及各级地方政府相继出台了一系列政策法规，采取了诸多具体的治理措施。但是，我国农村地域宽广，地方经济发展水平不一，生活水平存在较大的差异，造成了各地方对待环境治理的重视程度不一。此外，我国农民的文化素质普遍不高，环境保护和治理意识淡薄，政府缺乏优秀的环境管理人员和有效的管理机制，加上原来的治理中心放在了城市，而忽略了农村环境的治理，在一定程度上造成了农村环境治理滞后的局面，使得农村生态环境治理工作显得尤为艰巨。所以，加强农村地区的生态环境治理，建设生态文明的农村环境，极大程度满足人民对精神文明的需求，适应建设社会主义新农村和全面建设小康社会的需要，是当前新农村建设的重要考量和议题。

第一节 推进新型农村社区生态环境建设的重大意义

随着经济社会的发展，农村社会建设将日益加强。相对于传统行政村，对接城市社区建设的新型农村社区建设成为改变农村面貌、促进农村现代化建设的重要抓手。对于新型农村社区建设，已有较多学者从社区治理、社区管理创新、社区公共产品供给与配置等方面进行了研究，也有学者探讨了农村社区建设的制约因素，在广泛的实地调研基础上分析了如何稳步推进新型农村社区建设。我国面临生态建设和环境保护的严峻形势，生态文明建设不断深入到经济社会建设的各方面和全过程之中。对此，有学者基于生态文明建设，探讨了新型农村社区规划问题、新型农村社区绿化原则及模式。尽管新农村建设在改变农村面貌、基本公共服务设施建设、农民居住环境优化等方面取得了巨大成效，已有研究对农村社区建设也给予了一定的理论指导，但是，在我国把生态文明建设放在突出地位的新阶段，坚持节约资源和保护环境的基本国策，城乡一体化发展的重要时期，还需要在生态文明建设理念下深入探讨农村社区建设问题及策略。

人类的所有活动都受制于生态系统，生态资本的保值增值决定着人类社会的存续和发展。对我国来说，生态环境建设尤为紧迫，而生态环境建设的重点在农村。农村生态环境形势严峻，已成为新农村建设的极大障碍。农村生态环境形势严峻，点源污染与面源污染共存，生活污染和工业污染叠加，各种新旧污染与二次污染相互交织，工业及城市污染向农村转移，危及农村饮水安全和农产品安全，土壤污染日趋严重，已成为中国农村经济社会可持续发展的制约因素。大部分垃圾未经处理，直接堆放在田头、路旁，甚至抛掷到沟渠、水塘，影响环境卫生和农村景观。绝大部分生活污水未经处理直接渗入地下或直排沟渠、水塘。乡镇工业布局不当，工业污染突出。化肥、农药使用不合理造成的局部地区面源污染突出。综合利用措施滞后，畜禽养殖污染日益凸显。农村环境保护的政策、法规、标准体系不健全。农村生态环境建设是关系中华民族生存和长远发展的根本大计。我国生态环境建设的重点在农村。广大农村，是淡水、耕地、林地、草原、生物等资源的最大腹地，是承载人口的主要场所，是实现可持续发展的主要环境依托。同时，与城市比较，农村资源节约、生态保护与环境治理线长面广，环境问题原因更为复杂、危害更为严重、治理更为困难。新农村建设的提出，标志着国家适时地把节约资源、保护生态和治理环境的主战场放在农村。但是，问题在于这一事关全局的大战略还远没有成为全社会的共识。农村生态环境建设是统筹城乡发展的重要载体。

农村生态环境建设不仅关系到农村的发展，也直接关系到城市和全社会的发展。很多人，特别是城里人对农村生态环境问题抱以漠视的态度，主要是因为他们认为这是农村的事、是农民的事，事不关己，高高挂起。然而，疯牛病、禽流感、口蹄疫、有毒大米等一系列社会公共卫生安全问题的爆发，城乡居民健康程度下降，其原因主要是农产品使用了过量的农药和化肥。医疗保健成本大幅度上升，已经为城里人敲响了警钟：农业还具有生态功能，农业生态环境的恶化，直接影响到了城乡居民的健康、生活质量的提高和经济社会的可持续发展，不保护农村生态，最终受伤害的不仅仅是农民，更是全社会所有成员。

【案例】
　　新型农村社区的建设实质是政府主导下的农村就地城镇化，建设的主要内容是改善农村人居环境，加强农村基础设施建设，实现农民"不离土不离乡"的城镇化、工业化、农业现代化协调发展。新型农村社区示范点建设要始终坚持"生态保护第一，环保优先"的指导思想，坚持以人为本、关注人类可持续发展的建设道路，真正把社区建设成为推进城乡一体化发展的民生工程。政府作为新型农村社区的建设主体，思想上要把"环境保护"作为社区建设的一个基本原则，不走"先污染、后治理"的发展老路。在政府出台的新型农村社区建设的相关政策中，一定要把"环境保护"的理念融入其中，进而在正确的政策引领下先试先行，在建设实践中探索社区环境保护的路径和办法。此外，政府要有意识地强化环境保护责任，必须起到提供制度安排以及推动、协调、保证"环境善治"展开的作用。

第二节　加强农村社区生态环境建设的原则与目标

一、生态文明建设及新型农村社区建设的原则

（一）生态文明建设内涵
　　随着全球可持续发展问题认识的深化，加之面临快速工业化、现代化所带

来的严重的环境污染和生态破坏，在人与自然关系的多方面研究基础上，我国提出了生态文明观及生态文明建设论。在中国可持续发展实践中，党在十六大所提出的科学发展观中，将生态文明建设纳入中国的社会发展中。十七大对生态文明提出了全面系统的要求。十八大报告以"大力推进生态文明建设"为题，进一步强调将生态文明建设贯穿于经济建设、政治建设、文化建设、社会建设的各方面和全过程。十八届三中全会提出加快生态文明制度建设，将生态文明建设作为七大方面的改革之一。

生态文明是人类发展文明的一种新形态，是人类经历原始文明、农业文明、工业文明的新阶段，是指人类遵循人、自然、社会和谐发展这一客观规律而取得的物质成果与精神成果的总和；是以人与自然、人与人、人与社会和谐共生、良性循环、全面发展、持续繁荣为基本宗旨的文化伦理形态。生态文明的内容涵盖了人与自然和谐相处以及社会和谐等各方面的全部内容，是人类社会实现可持续发展要求的社会必然状态。生态文明将使人类社会形态发生根本转变，促使生产方式发生根本性的转变，使经济社会发展从高能耗、低产出、重污染的工业文明发展方式走向高效率、高科技、低消耗、低污染、协调循环、再生持续的生态文明发展方式。生态文明建设就是要将生态文明理念、理论及方法、原则贯穿于经济社会发展的各个方面，改变人类社会发展所带来的资源枯竭、环境污染破坏、生态失衡等状态，缓解人口与资源环境之间的矛盾，实现人与自然及人类社会的和谐而采取的符合生态规律的系列办法和措施。具体内容应包括生态文化建设、生态科技发展、生态生产发展、生态消费建立、生态规划建设、生态环境构建，以及生态社会、生态政治、生态制度的建设。

(二) 生态文明理念下农村社区建设原则

新型农村社区是具有一定规模和良好生产生活环境，并对周边区域具有一定经济辐射作用的新型社会生活共同体，它发端于基层，来源于农村基层干部群众的首创。社区是社会的最基层组织单元，随着城市社区建设的全面开展，我国将大力推进农村社区建设。农村社区建设不仅要解决农民居住环境及公共服务问题，还要推进组织建设和管理体制创新。在全社会推进生态文明建设的风气下，农村社区建设被赋予了更多的生态意义和环境意义。

从规划建设原则来看，农村社区规划建设是一个综合的系统工程，在生态文明的科学发展理念指导下，应进一步强调以下原则。

1. 统筹安排，因地制宜。按照城乡规划、村镇规划的相关要求，结合农村自然条件现状，编制相应的农村社区总体规划，统筹安排农村居民生产、生活及各项公共服务设施用地，创造适合农村地缘特色与社区认同的宜居社区。

2. 生态优先，技术先进。按照人与自然和谐发展的要求，遵循自然规律，在社区改扩建、新选址及各项设施建设、社区文化等过程中，强调生态系统维护保育、环境保护和环境品质的提升。同时，充分吸取城市社区建设经验及国内外发达地区的先进经验，把握后发优势与机遇，广泛采用新技术，利用新能源，提高农村社区的生态效率和生态管理水平。

3. 资源节约，环境保护。在满足生活需求的同时，农村社区建设应倡导节地、节能、节水和节材的"四节"方针，促进农村资源的优化配置。同时，在社区规划和建设中，应高度重视垃圾污水的收集与处理，注重社区绿化和环境卫生，并充分发挥农村资源、市场、技术等方面的区域优势，发展特色农业和旅游观光农业，发展生态经济和循环经济。

4. 公众参与，彰显特色。规划和建设应充分征求民众意见，采纳民众建议，将公众参与纳入规划建设程序和相关制度中。社区环境建设应当以人为本，方便农村居民的生产、生活，有利于农村地缘文化的保护和发展；结合自然山水、人文历史、既有环境风貌等，体现地域传统文化和建筑风格，实现历史、现在及未来相协调的文明传承。

第三节　农村生态环境面临的问题

为了提高广大人民群众的生产生活水平，建设好社会主义新农村，实现农村经济可持续发展，必须有效地解决农村环境问题。那么，当前我国农村面临的环境问题具体表现在以下三个方面。

一、环境污染仍在肆虐

我国是一个农业大国，2007年仅粮食种植面积就高达10553万公顷。近年来，由于经济利益驱使等各个方面的原因，大量的农民选择外出打工，农田多由留守的老人和妇女耕作。由于留守人员的素质不高，加之政府农业技术部门在技术宣传、优质品种的推广等农业科学技术普及方面的工作力度不够，使农业仍处于较为低级的阶段，不能取得长足的发展。甚至由于农药滥用等问题带来了严重的生态后果。

第一，农作物稻秆污染严重。农村生活条件的不断改善，曾经作为生活燃料的农作物稻秆已经普遍被煤球、天然气等替代。另外，由于农村饲养规模的有限以及饲养饲料业的发展，稻秆作为饲料消耗也急剧减少；再者，由于多种条件的限制，稻秆还田的运用不多。以上几个原因直接导致了秸秆的过剩，无法处置。在农村普遍采取的措施就是直接燃烧，这样的手段一方面影响了农村的生活环境，带来火灾隐患，另一方面还会影响周边城市航空业、公路交通业的安全等。例如，2007年在南京到合肥的高速公路上发生了60辆车连环相撞的重大交通事故，调查得知主要原因是稻秆焚烧导致烟雾弥漫，大大降低了空气透明度，影响了路面交通视线。

第二，畜禽养殖污染严重。相关研究表明，一个有2000头猪规模的养猪场，造成的环境污染程度相当于10万人口当量。近年来，集约化畜禽养殖模式发展迅速，但由于其管理技术的不完善，给环境带来了超重负荷，造成了严重的环境污染。根据本人调查发现，在集约养殖过程中主要存在两方面问题：首先是主观方面。一是在集约化养殖与环境影响的相互关系上认识不全面，没有处理好实际生产与环境保护的平衡关系，比如设备器具清洗不合格、氨臭味严重等；二是没有按照标准程序进行环境影响评价，如"环境影响评价"和"三同时"制度未执行等；三是养殖过程中忽视卫生指标，滥用人用药、原药和违禁药。其次是客观方面。一是养殖模式布局不合理，不仅区域划分不合理、区间距离不符合要求，还将养殖区设在了居民点；二是加工处理技术不成熟，畜禽粪便不能脱水除臭制成商品肥料或进行综合利用，粪便等废弃物排放不符合标准要求。

第三,乡镇企业造成的环境污染。从1978年党的十一届三中全会来,我国乡镇企业飞速发展,为国民经济和农村经济的发展做出了突出贡献,并为转移农村剩余劳动力做出了重要贡献。但因为乡镇企业数量较多、能源消耗多、技术落后、设备陈旧,大多数企业无防治污染设施,使污染问题较突出。据1997年的报告《全国乡镇企业工业污染调查公报》可知,1995年,我国乡镇企业"三废"排放量已达全国工业企业"三废"排放量的1/5~1/3。现在,乡镇企业污染在整个工业污染中的比重已由20世纪80年代的11%增加到45%,一些主要污染物的排放量已接近甚至超过工业企业污染物排放量的一半。当地农村环境被如此庞大的污染物污染的程度不言而喻。

二、受地方经济制约,环境治理难获得有力的物质支持

随着建设社会主义新农村的步伐渐快,小城镇和农村聚居点的规模也不断扩大。在"新房、新村、新镇"建设中,由于受地方经济发展水平的制约,规划和配套基础设施建设普遍不能达标,许多地方只重视城镇总体建设规划的编制,忽视了把土地、环境、产业发展等因素联系起来,导致缺位或不协调,加上管理缺失,城镇和农村的生活污染物直接排入周边环境中,造成严重的"脏、乱、差"的现象。环境问题从源头上大致可分为生产型环境问题和生活型环境问题,具体表现如下。

第一,环保基础设施建设滞后。

显而易见的是我国农村的环保基础设施建设严重滞后,环保功能相当缺乏,致使环境的综合质量差。综观我国农村发展过程,农村往往是率先启动和发展住宅、商业、服务业等基础设施,将有限的财力集中于道路、房屋、供水、供电等方面的建设,而诸如垃圾处理、排水和污水集中处理、消烟除尘、噪声隔离等环境保护设施建设根本不为人所注意,更谈不上发展。目前全国共有2万多个建制镇,乡镇的基础设施建设远跟不上乡镇的发展速度。有统计资料表明,2001年我国环境基础设施水平中自来水普及率仅为70.7%,特别是在我国中西部地区,平均每个建制镇还没有一个供水站,致使饮用水供应紧

张。建制镇的人均城建资金仅为城市的20%，即每人只有150.9元。资金不足使得小城镇的道路铺装率不足50%，人们出行很不方便；也使得60%以上的地区都是雨污合流，更不用说污水处理设施和垃圾处理设施之类的了。

第二，乡镇环境管理滞后。

乡镇及周边地区的环境污染加剧主要是由于环境管理意识淡薄，生态环境管理投入少、力度小，管理方式落后、管理粗放等造成的。由于缺乏专门的环卫机构和专业的环卫队伍，道路清扫保洁工作得不到保障。据了解，即使在经济条件较好、发育比较成熟的苏南地区，仅30%的乡镇有工业废水专门处理装置，超过50%的建制镇居民生活垃圾不能得到及时处理。

第三，能源结构欠佳，污染空气环境。

我国是以煤为主要能源的国家，煤仍然是城镇的主要能源。1998年全国人均生活用能结构中，煤炭占61%以上，部分小城镇生活用煤还是以薪柴、稻秆为主。工业用能的煤炭比重还要高于生活用能，而且优质煤比重明显偏低，缺少清洁能源，使煤烟型污染成为小城镇空气污染的主要来源。

三、政府的"爱莫能助"与民众的信心缺失导致治理动力不足

"任何一个组织体系，都必须满足三个基本条件，才能有效地实现组织运转。环境组织管理也如此。它主要包括环境监测、规划、监督、环境管理及政府在管理过程中形成的各种关系。管理的三个基本条件是：组织机构合理性、管理权限确定性和组织机制科学性。"从横向来讲，环境组织管理机构应当有环境监测、监督、事务处理、执行等机构；从纵向来讲，环境组织管理机构分为国家级、省级、市级、县级等。但是，无论是横向还是纵向，环境组织管理机构都存在一些问题。政府在环境组织中暴露出一些问题，主要体现在以下几方面。

第一，组织机构设置不合理，权限划分不明。

目前，我国环境治理的政府主导部门是国家环境保护总局。各省、市级政府也设置相关的环境治理机构，而到县一级地方政府，通常只在工业密集、工矿企业比较多的地区设置专门环保机构。从中央到地方，这种垂直的管理模

式，在一定程度上起到了集权的效果；但是另一方面，由于地方保护主义存在，而环境管理机构一般隶属本级政府，往往屈从于地方政府的利益，对环境问题置若罔闻。同时环境污染问题往往连片存在，跨地区，跨行政区域，因此若按照行政权限由地方政府操作，容易存在政出多门的现象。由于执法主体较多，权力过于分散，造成权责不明的情况时有发生。农村环境治理问题常常引发行政部门横向层面管理职能的交叉和重叠。尤其是当污染区域跨地方行政区域时，容易导致存在管理空白的可能，而一些地方环境治理机构沦为本地区行政机关的附属机构，没有独立的调查立案权。例如在环境监测方面，环境部有权管理国家环境监测网和全国环境信息网，行使污染源监督性监测、发放水污染物排放许可证的职能；而水利部的水资源水文司也有监测江河湖库的水质、审核水体纳污能力的职能。换句话说，水文监测也是环境监测的一部分。另外，在规划职能方面，环境部具有"组织拟定和监督实施国家确定的重点区域、重点流域污染防治规划和生态保护规划"的职能；而国家发改委的农村经济发展司也具有"编制和实施全国生态环境建设规划"的职能，两者职能的交叉和重叠是非常明显的。

第二，环境主管部门独立性不强。

《环境保护法》中规定："县级以上地方各级人民政府环境保护行政主管部门，对本辖区的环境保护工作实施统一监督管理。"虽然规定如此，但在表述上存在一定笼统和模糊的嫌疑。没有相关配套的法规明确环境主管部门的职能权限及管理幅度。当环境问题爆发时，主管环境单位必须上报给上级政府，地方政府为了维护本地方的声誉，不希望信息传播到中央，因此有可能责令环境主管部门私下协调解决。也就是说，环境主管部门独立性不强，往往依附地方政府权力而存在，难以实现独立自主解决环保污染等问题。

第三，基础环境管理机构薄弱。

农村基层环境治理，具体由基层的环境管理机构负责实施，以微观管理为主。一方面由于资金、编制、人员等有限，环境治理机构不能渗透到基层；另一方面，缺乏上级政府的重视和支持，往往流于形式，在执法过程中体现出软弱、妥协，甚至利用权力寻租。当环境污染得不到有效的制止，群众的生存环境受到威胁，助长了环境污染者的气焰，起不到惩罚、威慑作用，导致环境问题层出不穷。

第四，管理配套机制缺乏。

管理目标的实现，不仅依靠法律强制力保驾护航，同时需要领导者管理方式灵活多变。如何使得管理成本投入小，产生的效益最大？在经济学中有个著名的"公用地悲剧"："当众多消费者在共同的、向公众开放的草场资源饲养牲畜的时候，必将出现滥用资源和破坏环境的现象，因为草场是公共的，畜群是私人的，每个牧民都为了追求个人利益最大化养更多牲畜，根本不在乎公地退化。"农村环境作为公共资源，对于农民来说，环境是进行农牧业生产的基础。如果大家都不顾环境污染，而一味追求经济利益的最大化，那么环境势必承受不起污染之重。因其公共性，个体不愿承担治理污染的成本，从而导致环境愈加恶化，进而生产方式不能持续进行。出台相应的鼓励机制、协调机制，通过利益均衡的途径，号召农民一方面维护自身的利益，另一方面注重环境的可持续发展。政府应该通过合理的渠道引导群众，加强环境污染的问责机制，对造成污染事实的企业或个人追究其责任，起到惩治的效果。

第五，环境执法者素质偏低。

目前农村环境执法者的数量不足，并且由于准入标准较低，其素质普遍偏低。另一方面，缺乏专业的训练和相关技能考核，基层环境执法者的能力有待加强。当遇到污染环境的具体情况时，不能合法、高效、准确执法，从而影响了环境治理的权威性，造成政府公信力下降，甚至导致居民的非议和不信任。因此，基层环境执法者素质是农村环境治理的一个薄弱环节，需引起重视。

第四节 农村生态环境建设的基本对策

一、制定相应的原则方针和政策措施

政府应该给予生态环境保护以特别的关注，在对农民的生产生活环境的改善与农村生态环境问题的保护和治理的问题上给予高度重视，并就农村的生态

环境问题提出一些具体的目标与原则。

二、明确农村生态环境整治重点和任务

（一）农村生活垃圾整治

实行农村生活垃圾"户集、村收、镇运输、县处理"的模式，充分利用市场经济的优越性，采用集中化处理和无害化处理，降低处理成本，实现可持续发展，建立市场运作的农村垃圾处理运行机制。

（二）农村水污染整治

为了加强对农村水污染的治理，应由政府进行总体规划，并督促各区（市）县城区和所有乡镇做好农村污水处理的规划，依照轻重缓急的原则分步严格落实。为了实现规划的制定与认真落实，由水务局牵头、市建委配合，不仅帮助各区（市）县政府做好县城和重点镇污水处理设施的规划、建设工作，而且还对各区（市）县的污水处理厂和管网建设做出了明确的规定时限，要求必须在规定的时间内建设完成。同时，市政府还加大了对饮用水的保护，特别是在对饮用水水源的保护、科学规划水源区的同时，对水源保护区的排污口予以坚决取缔，从而预防和处理水污染事故。另外，应当加强各渠系、河道的整治。

（三）农业资源污染整治

开展土壤污染状况调查和污染超标耕地综合治理。全面推广使用可降解农膜，实施测土配方施肥，逐年削减化肥施用量，基本解决畜禽养殖污染。全面禁用高毒高残留农药。搞好农作物稻秆综合利用，大力发展农村沼气建设。

（四）空气污染整治

加强对废气的强制处理，尤其是对中小型企业的废气排放。鼓励农村的中小企业集中发展，敦促废气排放完全达标，并对没有遵循相关条例危害农村生活环境的中小企业实行"关、停、并、转"。禁止焚烧会产生有毒气体的生活垃圾，保证农村空气质量。

（五）农村建筑和道路垃圾整治

农村垃圾随处可见，随处堆放，从生活垃圾到建筑垃圾，并没有形成明确的规范管理或者属地管理的标准。由于垃圾乱象影响村容村貌，在一定程度上给农村道路安全埋下了隐患，因此需及时清理农村建筑和道路垃圾。

（六）加强农村生态环境整治的机制创新

迫切需要把加强农村生态环境建设，作为贯彻落实科学发展观、推进新农村建设的一个十分重要而又紧迫的课题提升到一个新的高度、一个战略位置上来抓。统筹城乡环境保护，重视农村环境保护基本制度及基础体系建设。"十一五"期间，我国全面进入"以工促农、以城带乡"的发展阶段，在环境保护上消除城乡差距、保障基本的环境公平成为建设和谐社会的重要内容。为此，要将农村生态环境保护放在和城市环保同等重要的地位，纳入全国环保和生态建设的总体规划，并作为实施的重点，制定和完善相关法律、法规和政策。必须抓紧制订《全国农业生态环境保护条例》，并制订和完善无公害农产品及农药、化肥使用规程等相关标准、规定，以规范农药、化肥的使用，推广符合生态要求的施肥和施药技术。政府要建立健全农业环境管理体系，充实农村环保机构的力量，加大环保基础设施投入，中央集中的排污费等专项资金应安排一定比例用于农村环境保护。加大对乡镇企业的污染治理力度，禁止城市、工矿、企业向农村排放"三废"。逐步建立政府、企业、社会多元化投入机制。研究制订乡镇和村庄两级投入制度。各级党委和政府要从战略和全局的高度出发，切实加强对农村生态环境建设的领导，把农村生态环境保护建设工作纳入各级政府的重要议事日程，实行党政一把手亲自抓，做到责任到位、措施到位、投入到位。农村生态环境保护与建设工作任务重，涉及部门广，各部门要通力合作，齐抓共管。环保部门负责对农村环境保护工作实施统一监管；农业部门具体负责农业污染防治工作，指导农业投入品使用、农业废弃物资源化利用；水利部门负责水产养殖污染控制工作；建设部门加大对农村村镇环境基础设施建设力度；林业部门负责农田林网和湿地保护等工作；科技部门要加大对农业农村污染防治的科技投入；质量技术监督部门负责安全农产品系列标准的发布；计划、财政、工商等部门，要按照各自的分工职责，加大对农村生态环境建设的支持力度。以农业循环经济理念发展生态农业，达到农村生态环境与农业经济和谐。农业循环经济是以循环经济的理念指导农业相关产业发展，以减量化、无害化、资源化为原则，以科学技术为支撑，实现经济、生态、社会效益有机统一的良性循环。应用农业循环经济理念做到产业间协调发展和产业内部的高效、清洁生产，延长农业及相关产业的产业链，建立合理的生产结构，实现农业资源的循环利用，有利于生态环境的保护。例如在广大农村推广使用沼气可以有效缓解生活用能，防止环境污染，保持村容整洁。建立集约化畜禽养殖和生态农业的种养平衡区域一体化发展模式，既可以实现对已有污染物的综合利用，也可避免化肥、农药可能造成的污染。建设和发展生态农业是充分挖掘农业内部潜力、增强农业发展后劲的一项重要措施，也是解决农村环境污染和生态保护的重要途径。应充分认识生态农业的公益性，在税收、银行贷款和产品标识等方面制定更优惠的专项扶持政策，以降低生态农业改造过程中的生产成本，提高生态农业产品的经济效益。要结合农业产业结构调整，大力发展无公害农业、绿色食品和有机食品，促使农业产业化，使现代农业与生态型农业有机结合，达到农业、农村生态环境体系与农业经济和谐、稳定、健康发展。合理规划村镇建设和产业布局，严防新农村建设导致新一轮的生态破坏。在新农村建设规划中要专门编制农村生态环境建设规划，把新农村建设与生态建设相结合。按照统筹城乡发展的思路，统筹考虑农村的村镇布局，发展中心镇、中心村，萎缩生产生活条件恶劣的自然村，统筹考虑农村的基础设施建设和布局，按照资源有效配置的理念，将交通、教育、医疗、环保等优先配置中心镇、中心村，要将环保基础设施和饮用水源建设等作为重要内容；要统筹考虑产业布局，按照既要发展又要保护的理念，合理布局特色产业区、规模养殖小区和保护小区，为各行业持续发展提供空间。

当前特别值得关注的一个问题是在新农村建设中，一些地方忽略生态环境保护，存在着"一刀切"的错误倾向，把绿树掩映、小桥流水的农村建成了钢筋水泥的城市居民点，使农村失去了原有的生态优势。这种倾向必须得到防止和克服，绝不能让一些地方以新农村建设的名义破坏农村生态环境，努力遏制新的人为生态破坏，加强村庄绿化、庭院绿化、通道绿化和农田防护林建设。

第十章 新型农村社区组织建设与管理

2006年10月，中共十六届六中全会通过的《中共中央关于构建社会主义和谐社会若干重大问题的决定》提出"积极推进农村社区建设，健全新型社区管理和服务体制，把社区建设成为管理有序、服务完善、文明祥和的社会生活共同体"的要求。党的十七大报告提出的"统筹城乡发展，推进社会主义新农村建设"的实施，为推进农村社区建设提供了有利条件。农村社区建设是一项新的、具有试验性和探索性的工作，在推进过程中不可避免地会遇到一些问题和制约因素，特别是农村社区建设的组织缺失成为瓶颈，需要客观全面分析。

随着新型农村社区的快速推进，如何构建与新型农村社区发展相适应的治理体系，是农村基层治理面临的重大问题。党的十八届四中全会报告指出要"推进基层治理法治化"，因此新型农村社区治理体系的依法构建，不仅能够与十八届四中全会依法治国的精神相契合，也是国家治理体系与治理能力现代化在农村基层治理中的直接反映。

第一节 新型农村社区组织的类型与功能

一、新型农村社区组织的类型

社区组织探索随着社区的发展不断丰富与深化。美国学者帕森斯根据组织的功能和目标，将所有的社区组织划分为三类：生产组织、整合组织和政治组织；帕森斯根据组织目标和受益者关系的不同，将社区组织划分为互利组织、私有者的赢利组织、服务性组织和公益性组织。我国学者对农村社区建设中的社区组织进行了积极探讨，如认为农村社区组织是指在一定的区域范围内，一定数量的农民在平等自愿互利的原则下自发组织的维护自身利益的团体。❶ 强调农村社区组织是指在乡村社区内有目的、有计划地建立起来的满足一定功能的各种团体和机构；社区组织是在一定的功能和目标基础上形成的相对稳定的人群关系。❷ 张稚静，洪传春主张农村社区组织是服务于动态变化的农村社区的团体，是指在农村社区内有目的、有计划、应农民不断变化的需求建立起来的满足各种功能的自治团体和机构的总称。❸

上述各种观点都从不同侧面反映了农村社区组织的特征。本项研究将农村社区组织界定为：一定的社区范围内社区农民组成的各种组织，它是以本社区农民为主体，本社区区域为主要活动场所，遵守国家法律、法规和社会公德，以自我管理、自我教育、自我服务为主要活动目的的群众团体或组织。此概念界定较宽泛，主要突出其组织性、民间性、自治性。

二、新型农村社区组织的功能

我国台湾地区及日本、美国等国的社区实践及我国城市社区的发展都证明了社区组织在社区建设中的作用不可或缺。由于体制及社会结构、制度及实践的制约，尽管我国农村社区组织长期处于低水平发展和发育不良状态，但它在我国农村社区发展中的作用还是得以显现。农村社区组织的作用：一是政府失灵领域的填补者；二是弥补政府资源不足；三是农民利益的代表者；四是推动和制约政府决策和改革；五是社会整合和促进社会团结；六是动员农民参与社区活动，共同管理公共事务。❹

---

❶ 夏永祥，殷杰. 试论农民自治组织 [EB/OL]. http：//www. china reform. org. cn/cirdbbs/dispbbs. a sp? boa rdID = 11&ID = 40261.

❷ 余素芳，等. 社会主义新农村建设中的农村社区组织建设研究 [J]. 江西农业大学学报（社会科版），2006（04）.

❸ 张稚静，洪传春. 论福建省农村社区组织发展的战略选择 [J]. 安徽农业科学，2007（08）.

❹ 徐勇，黄辉祥. 以民主政治建设增强村级组织的"草根性" [EB/OL]. http：//www. chinreform. org. cn/cirdbbs/dispbbs. a sp boa rdID = 11&ID = 40249

三、新型农村社区组织的现状

农村社区组织一方面由于农村社区经济、文化和社会事业发展相对滞后，另一方面由于政府权能过大，导致我国农村社区组织长期处于低水平发展状态。我国广大农村在"乡政村治"的结构下，逐步建立起的农村基层组织体系主要有两种类型：一是管理型的基层正式组织，具体承担村级公共事务的公共管理职能，包括党的基层组织、村民自治组织，即"两委"。二是参与型的基层正式组织，如村民代表大会或村民议事会、村民民主理财小组、党员会议或党员代表会议等。

从组织的实际运作状况看，村级治理主要是通过农村基层的正式组织来实现的。村"两委"基本按照《中华人民共和国村民委员会组织法》的明确规定行使职能，是体现村民自我管理、自我教育、自我服务的基层群众性自治组织，办理本村的公共事务和公益事业，调解民间纠纷，协助维护社会治安，向人民政府反映村民的意见、要求和提出建议。但处于主导地位的党组织和村委会组织具有浓厚的行政化倾向，主要表现为：

一是村级组织的工作主要是完成自上而下的各种政府任务。调研统计中，村党组织及村委工作量有78%的工作量来上级乡镇安排。

二是村级组织更多对上级政府负责，而不对本村村民负责。因为村组织干部对上依附性加强，80%的村民不明确村干部的具体职责，只有63%的村民认为村组干部对村民及村集体尽到了责任。

三是村级组织按政府的模式设置机构和职位，成为一个微型政府。

四是村干部的工作报酬固定化，主要由其完成政府任务的情况所决定，而不是由本村村民所决定。因此，村级组织具有更多的"官"性而不是"民"性，即具有浓厚的行政化倾向。[1] 在施行税费改革和村组合并后，村空间及事务范围变大，由原来的2~3个村合并成一个村，人口达1800~3000名，户数

---

[1] 徐勇，黄辉祥．以民主政治建设增强村级组织的"草根性"[EB/OL]．http://www.chinareform.org.cn/cirdbbs/dispbbs.asp boa rdID=11&ID=40249

有 500~700 户之多，干部人数少，仅配 5 人，服务无法到位，那些上不了村委会讨论日程且对农村发展非常重要的公益性事务，如农村公共事务和公益事业，面临着无钱办、无人管的问题，重新陷入一盘散沙的"治理真空"境地。由于贫困落后，集体经济规模有限，除了土地、学校、村委会的办公场所外几乎一无所有，资金缺乏也制约了农村社区经济组织、科技文化组织、社区保障组织及社区服务组织的发展，因此大部分村除村委会这种单一的农村社区组织存在，几乎没有相应的组织载体来支持农村社区建设与发展，调研的 15 个村社只有 4 个自然村有"公司+农户"经济组织，且规模都不大。

第二节 构建新型农村社区社会服务组织体系

社区服务是农村社区建设的核心内容，要结合农村生产生活特点，以农民需求为导向，逐步构筑起以基本公共服务为基础、社会化服务为依托、志愿性服务为补充的相互衔接的农村社区化服务体系，努力缩小城乡公共服务差距，真正使农村群众困有所助、难有所帮、需有所应。

一、健全社区文化服务组织和社会救助机构

丰富农村社区文化生活，提高社区新居民认同感，健全社区文化活动场所、休闲娱乐场所，积极开展活动，为社区居民提供文化、休闲娱乐服务。

二、加强社区文体广播信息等公共文化设施建设

为农民群众提供便利的读书、阅报、健身及开展文艺活动的场所，丰富群众文化生活，鼓励和组织群众开展贴近农村、亲近居民、健康向上的文化活动，增加社区居民间的交流与互动。特别是要充分关注老年人的文化、娱乐生活需求。进入社区生活后，一些老年人会明显感觉不适应。因此，需要加强社区相关服务，促进老年人老有所为、老有所乐，提升合村并点新型农村社区建

设的形象和群众满意度。积极开展农村扶贫救济，安排弱势群体就业。在社区工作中，落实好农村合作医疗保险制度、最低收入保障制度及救济制度，开展慈善帮困活动，保障农民不因住进楼房后生活费用增加而致贫。

三、完善社区经济管理组织

加快发展集体经济及产业项目，扩大就业，提高农民收入和生活水平在社区规划建设中，设计配套的商贸服务区，方便大社区群众生活，同时规划产业园区，创造条件扩大农民就业。农民居住上了楼，节省了土地，离承包地远了，在积极引导土地承包经营权流转的同时，需要创造条件扩大农民就业。如：在新社区生活服务区、生产服务区大力发展个体经营，灵活就业，增加农民收入；"腾空地"复垦后，采取招商引资、公开招租等方式，开展规模种植园经营，发展生态高效农业，同时能安置一些农民在种植园打工就业；科学规划，合理布局生产区，发展第二、第三产业，在适当地点设立产业园区，招商引资，上项目，尤其是有利于当地经济滚动发展的农业产业化项目，走"龙头企+合作经济组织+基地+农户"一体化产业发展路子，促进当地农民发展高效农业，增加农民收入，才能保证农民安居乐业。

四、健全社区安保组织

全面加强平安乡村建设，提高乡村治安保障水平，加强社区治安管理，为社区安装电子监控设施，提升社区治安水平。合村并点后，一些村的农民由于新的居住地远离经营承包地，耕地上的粮食作物等农产品的安全防盗问题明显突出了。

因此，应全面加强平安乡村建设，健全完善治保、调解、普法、帮教、巡逻"五位一体"的社会治安综合治理机制，尤其是要加强巡逻力量，既确保社区内的安全，又尽力保障农民大田地里生产作物的安全。鼓励农民进城区、中心镇居住、生活，为相关农民在劳动就业、购房居住、子女上学、户口管理等有关各方面提供便利。对于到城市安家落户，自愿放弃宅基地、承包地的农民家庭，给予适当的补偿和奖励。

第三节　新型农村社区组织建设

一、全力构建新型农村社区社会服务组织体系，提升社区管理和服务水平

社区服务是农村社区建设的核心内容，要结合农村生产生活特点，以农民需求为导向，逐步构筑起以基本公共服务为基础、社会化服务为依托、志愿性服务为补充的相互衔接的农村社区化服务体系，努力缩小城乡公共服务差距，真正使农村群众困有所助、难有所帮、需有所应。

二、健全社区文化服务组织和社会救助机构，丰富农村社区文化生活，提高社区新居民认同感

健全社区文化活动场所、休闲娱乐场所，积极开展活动，为社区居民提供文化、休闲娱乐服务。新型农村社区组织建设应当加强社区文体广播信息等公共文化设施建设，为农民群众提供便利的读书、阅报、健身及开展文艺活动的场所，丰富群众文化生活，鼓励和组织群众开展贴近农村、亲近居民、健康向上的文化活动，增加社区居民间的交流与互动。特别是要充分关注老年人的文化、娱乐生活需求。进入社区生活后，一些老年人会明显感觉不适应。因此，需要加强社区相关服务，促进老年人老有所为、老有所乐，提升合村并点新型农村社区建设的形象和群众满意度。积极开展农村扶贫救济，安排弱势群体就业。社区工作中，落实好农村合作医疗保险制度、最低收入保障制度及救济制度，开展慈善帮困活动，保障农民不因住进楼房因生活费用增加而致贫。

三、完善社区经济管理组织，加快发展集体经济及产业项目，扩大就业，提高农民收入和生活水平

在社区规划建设中，设计配套的商贸服务区，方便大社区群众生活，同时规划产业园区，创造条件扩大农民就业。农民居住上了楼，节省了土地，离承包地远了，在积极引导土地承包经营权流转的同时，需要创造条件扩大农民就业。

在新型社区生活服务区、生产服务区，大力发展个体经营，灵活就业，增加农民收入；"腾空地"复垦后，采取招商引资、公开招租等方式，开展规模种植园经营，发展生态高效农业，同时能安置一些农民在种植园打工就业；科学规划，合理布局生产区，发展第二、第三产业，在适当地点设立产业园区，招商引资上项目，尤其是有利于当地经济滚动发展的农业产业化项目，走"龙头企业+合作经济组织+基地+农户"一体化产业发展路子，促进当地农民发展高效农业，增加农民收入，才能保证农民安居乐业。

四、健全社区安保组织，全面加强平安乡村建设，提高乡村治安保障水平

加强社区治安管理，为社区安装电子监控设施，提升社区治安水平。合村并点，一些村的农民由于新的居住地远离经营承包地，耕地上的粮食作物等农产品的安全防盗问题明显突出了。

因此，应全面加强平安乡村建设，健全完善治保、调解、普法、帮教、巡逻"五位一体"的社会治安综合治理机制，尤其是要加强巡逻力量，既确保社区内的安全，又尽力保障农民大田地里生产作物的安全。鼓励农民进城区、进中心镇居住、生活，为相关农民在劳动就业、购房居住、子女上学、户口管理等有关各方面提供便利。对于到城市安家落户，自愿放弃宅基地、承包地的农民家庭，给予适当的补偿和奖励。

我国农村社区组织体系建设不能满足农村社会可持续发展的需求，与新农村建设及村民自治难以相适应，更难以达到带领农民全面实现小康的目标。因此，以党的十七大精神为指导，大力发展和完善我国农村社区组织，提高农村社区农民组织化程度，真正使农村社区组织在政治上是社区成员联结党和政府的桥梁，是社区成员重要的政治活动场所；在经济发展上是社区成员发展经济的组织者、服务者、市场利益代表者和利益均沾者；在文化和其他社会活动方面，是社会秩序的维护者和管理者、先进文化的传播者。当前，加强农村社区组织体系建设和制度完善重点包括：

（一）强化党群组织建设，提高社区管理的民主化水平

政治是同公共权力相连接的社会领域，是利用公共权力治理众人的事务。❶ 社区党群组织建设的要义是要形成能够代表社区成员意志与利益的公共权力，并在符合社会利益的原则下利用社区公共权力为社区成员服务。党支部与村委会组成了制约农村社区稳定与发展的重要的制度性力量。一方面严格依照《村委会组织法》和中办发〔2002〕14号、中办发〔2004〕17号文件要求，进一步健全村党组织领导的充满活力的村民自治机制，完善村委会直接选举制度，规范村民会议、村民代表会议制度，健全村务公开和民主管理制度，保证农民群众的各项民主权利落实到位。这要求相应处理好农村社区权力中的两大关系：

第一个关系是村党支部与村委会的关系协调。村党支部在完成宣传和执行党的路线、方针、政策，教育党员和群众这些本职工作的同时，应当"依照宪法和法律，支持和保障村民开展自治活动，直接行使民主权利"，并监督村委会工作；村委会则要保持在村庄公共事务决策和运作中的相对独立性。

第二个关系是村委会与村民会议的关系协调。村委会应当本着对村民负责的精神开展工作，向村民会议汇报工作并进行村务公开；村民会议则监督村委会工作并拥有罢免不称职的村干部的权力。实现农村社区成员自主开展民主选举，民主决策、民主管理、民主监督的村民自治活动，可以极大地激发村庄社区成员的政治参与热情，并实现村庄社区自治的良好运行。

---

❶ 雷洁琼. 转型中的城市基层社区组织[M]. 北京：北京大学出版社，2001.

（二）提高农村社区经济组织的凝聚力，强化市场化组织程度

经济落后是中国农村社区的普遍特征。在实行家庭联产承包制的过程中，许多地方在土地承包到户后，原社区集体经济组织便自发溃散了，集体财产也被分掉，相当多的社区形成了"有集体无经济"甚至是"没有集体"的状况。近年来，村级社区集体经济虽然得到较快的恢复和发展，但从总体上看，情况不容乐观，集体经济还比较薄弱，村集体统一经营收入在村集体财务收入中所占份额趋于下降。村集体经济薄弱，直接导致社区经济发展缓慢，社区公共物品的缺乏，影响农民收入水平的进一步提高，导致其对社区依赖感和认同感降低。

就现实而言，农民合作组织非常少，独立运行的农民合作组织更是凤毛麟角。为解决我国当前农村农户小规模生产与大市场矛盾，克服农业产业劣势、实现农产品价值增值及利益分配机制向农民倾斜，促进农民收入增长，其有效途径就是提高农村社区经济组织的凝聚力，强化市场化程度。为此：

一是要因地制宜兴办村级集体企业，培植集体经济新的增长点。大力发展多种经营，尤其是要发展农副产品加工业等。农村集体经济的发展，既需要村级组织的牵引，也需要上级政策的必要支持。

二是要大力扶持和发展农民股份合作经济。在农民自愿互利的基础上，以生产要素联合与劳动联合相结合，按劳分配与按生产要素分配相结合，实行民主管理，有公共提留，积累归集体所有。

三是要健全集体经济组织管理制度，包括承包管理制度、资产管理制度、积累制度、利益分配制度，使农村集体经济的管理规范化和制度化，保证集体资产保值增值。[1]

（三）创新农村社区科技文化组织，提高农村人民文化素质

现代农业发展的根本出路在于科学技术。目前，我国每年有6000多项农业科技成果问世，但运用到生产领域中的仅有30%~40%，真正形成产业的不到20%，比发达国家低30个百分点左右，大量的科技成果没有转化为直接

---

[1] 谢晶莹. 农村基层社区组织建设的着力点［J］. 中共四川省委党校学报，2004（01）.

的生产力。❶ 科技文化的落后成为农村社区可持续发展真正的桎梏，需加强农村社区文化建设，增强社区成员在心理上的联系，通过对社区传统文化的挖掘与创新来增强社区成员的文化认同感；增强社区成员适应现代社会生产生活的能力，使得农村社区与社会能够得到有机的连接和沟通。

大力加强社区科技文化组织建设，一是要以农村社区为平台，有组织地将各种文化科技等设施引进农村社区，逐步形成方便农民群众读书、阅报、健身、开展文艺活动的场所。二是充分挖掘农村社区文化资源，广泛开展形式多样、内容丰富的社区文化体育活动。要发挥村民学校、村级组织活动场所、农村社区服务中心、图书阅览室、公告栏等场所的作用，开展农村文化建设；开展科技培训，普及农村法律常识，提高农民科技文化素质。三是开展和谐社区建设，倡导健康文明的农村新风尚，弘扬科学精神，树立以"八荣八耻"为主要内容的社会主义荣辱观，形成与社会主义和谐社会相适应的新型人际关系、邻里关系。

（四）完善农村社会保障组织，实现国民待遇

农村社区的各种生产要素走向市场是必然。由于农民的市场意识、市场能力、个体性等特点，以及农村土地经营权的市场化和二元社会结构影响，农村社区建设会遇到更多的社会保障问题。虽然我国农村初步形成了农村社会保障的网络体系，但是仍然面临社会保障资金来源狭窄、社会保障覆盖面窄、管理不够科学与规范、家庭保障功能的弱化等问题。因此，为了我国农业、农村社会的可持续发展和提高我国农业产业的国际竞争力，必须给农民以国民待遇。

从我国实际情况出发，根据各农村社区的特点和发展水平，在政府的扶持下，在农村集体与农民个体的多层次参与下，探索各种形式的农村社区保障组织，逐步建立和完善农村社区困难群体的社会救助制度，对符合"低保""五保"条件的困难群众做到应保尽保；完善新型农村合作医疗制度和与之配套的农村医疗救助制度；完善农村养老保险和社区养老服务。

---

❶ 缪丽华，朱述斌．论农村社区组织与人力资源培育［J］．南昌大学学报（人社版），2003（03）．

（五）推进农村社区服务组织建设，完善服务网络

农村社区既是生活单元又是生产单元，须满足社区农民的生活需要与生产需要。农村社区公共服务应按"大事不出镇、小事不出村，群众有需求、干部有服务"的高水准推进，形成以农村社区综合服务中心为主体的各类专项服务组织网络，为群众提供安全、方便、周到的服务。农村社区服务组织建设，既是为政府公共服务延伸到农村和农民群众开展自我服务搭建社区平台，又是组织农民群众和社会各方面力量积极开展农村志愿服务、群众性互助服务的媒介。

在农村社区建设中，配以多层次参与机制，建立社区卫生服务站，实现社区卫生服务网络化管理；做好社区计划生育管理和技术服务咨询点组织工作；推进农村社区公共就业服务组织，为农村富余劳动力提供免费的职业介绍、职业指导和就业培训；推进农业生产资料连锁店进乡村和有组织的农副产品进市场，方便群众生产生活等。

伴随着市场经济对农村社区的冲击，传统的农村社区面临着急剧的转型。由于农村人口的大量流动，农村社会结构和家庭结构都出现了重大变化，急需组织农民进行新型农村社区建设。在新型农村社区建设中，应采取政府主导、社会参与、市场驱动的模式。

第十一章　新型农村社区社会保障体系建设

随着中国社会的进步与发展，社会公平性已经越来越为国际、国内社会所关注。城乡社会日益明显的联动效应和中国社会保障的整体建设，尤其是中国新医疗保障制度的实施，使得中国农村社会保障问题再一次成为政府和社会普遍关心的社会热点问题。在当前的现实条件下，中国农村的社会保障将分地区、分阶段逐步建立与发展，并在很大程度上取决于农村社区的发展水平。

农村社区保障制度是社区范围内统筹的制度，在缺乏国家政府投入的情况下，它在资金上主要依赖于社区发展所积累的社区公共资金的投入；社区发展目标的多元化导致公共资金的分配和使用具有竞争性。公共资源的竞争性使用是制约农村社区保障建立的一大要素。农村社区的发展与社会保障有着密切关系。

第一节　新型农村社区发展与社会保障的关系

所谓新型农村社区，是相对于目前的农村社区来说的。新型农村社区建设之"新"在于由政府支持、市场化运作、各主体积极参与，遵循城乡规划法，实施耕地占补平衡，在保证农民土地承包经营权长久不变的基础上，既增加城市建设用地，又保持甚至增加现有耕地面积，建造设施配套、功能齐全、符合农村实际、产权清晰、权证完整、流转顺畅、城乡一体的农村房地产。

一、新型农村社区发展要以社会保障为前提

首先，建设新型农村社区，需要坚守几根红线。第一，节约利用土地，坚守18亿亩耕地的红线不被突破；第二，保证农民土地承包经营权长久不变；第三，坚持土地公有和农地不直接入市的基本原则。

其次，建设新型农村社区，需要找准着力点。由于农民大量离开农村进城打工，农村空心村问题严重，不仅浪费了十分珍贵的土地，而且也带来了一些新的社会问题，需要由政府通过公共财政的形式进行治理。因此，在当前情况下，农村空心村可以成为建设新型农村社区的着力点。

再次，建设新型农村社区，必须发挥相关主体的积极性，正确对待各主体的正当利益诉求。新型农村社区建设涉及的主体有农民、地方政府和中央政府以及城市房地产开发商。农民想获得的是收入稳定增加，居住环境改善；地方政府想获得的是城市建设用地，发展地方经济；中央政府想获得的是农业基础巩固，农村社会秩序稳定；城市房地产开发商想获得的是利润。新农村建设必须遵循帕累托效率标准，寻求各主体之间的合作解。

二、新型农村社区土地与社会保障的关系

为了将国家的财政支持和农民依靠土地使用权获得财产性收入结合起来进行农村新型社区建设，需要建立基本的制度框架。

第一，立法规定，城市房地产开发商进行城市房地产开发之前必须进行农村空心村治理，集约利用农村宅基地。具体做法：结合城乡规划，欲从事城市房地产开发的房地产开发商必须首先在农村进行空心村治理，获得集约土地后，方可参与城市建设用地的招标、拍卖或挂牌交易。

空心村治理必须在农村规划区内的原有村庄旧址进行，集中修建道路交通和配套基础设施，建设农村新区，办理完整的产权证书。政府可以根据土地整理情况和农村新区基础设施配套情况提供适当财政补贴。农民将原有宅基地全部返耕，经政府检查验收后出具书面证明，即可入住农村新区。宅基地整理的

返耕面积即为开发商得到的可用于招标、拍卖或挂牌交易的城市建设用地面积。同时允许和鼓励城市居民购买农村新区的房屋，构建城乡统一的房地产市场，实现要素在城乡间以市场为基础的有序流动。

第二，经开发商申请，将整理集约的农村宅基地和城市郊区土地进行置换。

开发商得到治理空心村的集约土地后，可向政府提出土地置换申请，将城市规划区内任意同等面积的城市郊区土地进行置换，由政府征收和出让。被置换土地的城市规划区农民有权得到空心村治理而集约的同等面积的土地承包经营权，保证土地承包经营权长久不变，同时按照征地拆迁程序进行妥善安置。

第三，政府通过法定征地程序，将城市规划区内置换出来的农村集体土地转型为国有土地，并进行征地拆迁工作，得到可用于城市建设的国有土地。

第四，政府采用招标、拍卖或挂牌交易等方式，公开出让国有土地使用权，获得土地出让金。在招标、拍卖或挂牌交易中，进行空心村治理并提出置换申请的开发商在同等条件下具有优先权。

采用"土地和保障"而非"土地换保障"办法实现农民的社会保障。在传统征地制度中，通常采用的是所谓"土地换保障"的做法。当农民的土地被国家征收后，政府通过提供社会保障的形式彻底换取了农民的土地权利，包括宅基地的使用权和土地承包经营权。[1] 这种做法违背了农民土地承包经营权长久不变的政策主张，应该加以及时纠正。

对农民来讲，土地承包经营权是法律赋予农民的一项权利，非经法定程序不能剥夺。而农民平等地获得社会保障的权利是政府的应尽职责，是公共财政均等化的必然要求，与农民是否放弃土地权利无关。如果采用土地换保障的做法，对农民来说，所获得的社会保障是通过交换获得的，并没有反映政府的职能。如果农民获取社会保障要通过交换才能获得，那对农民来说是严重的不公，对政府来说就是严重的失职。

可见，农民拥有法律赋予的土地权利，同时公平地享受政府提供的包括社

---

[1] 卢海元. 土地换保障：妥善安置失地农民的基本设想 [J]. 中国农村观察，2003（6）：49–55.

会保障在内的公共服务，是公共财政的应有之义，两者可以并行不悖，毫不冲突。因此，我们的主张是"土地和保障"，不是"土地换保障"。

在农村新型社区建设中是否可以在保障农民土地权利的同时为农民提供均等化的社会保障呢？在农村新型社区建设中，政府通过征地程序和国有土地使用权出让程序获得了土地增值收益。在政府获得土地出让金的同时，城市郊区土地被置换的农民做出了牺牲，应该得到相应补偿；而农村内部将宅基地返耕的农民在节约利用土地、增加耕地面积方面做出了贡献，应该给予奖励。而农民收入支持政策也需要国家财政通过新型农村社区建设为农民提供收入支持，增加农民收入，鼓励农民从事农业生产，巩固农业基础地位，因而可以借此新农村社区建设之际对农民进行收入支持。为做出贡献的农民提供社会保障就是一种非常好的收入支持政策。

具体来说，政府在利用土地出让金补偿被置换土地的城市郊区农民时，由于城市郊区被置换土地的农民已经得到了同等面积的土地承包经营权，补偿金可以限于为他们购买社会保险的全部费用。为了对迁入农村新区的农民为集约土地做出了贡献的行为进行奖励，同时对农民进行收入支持，政府获得的土地出让金也要为他们全额支付购买社会保险的费用。

土地出让金在支付了农民的社会保险费用后，其余部分全部纳入财政预算。农村集体经济组织由于本质上属于政府的派出机构，不应该再分享土地出让金收益，所需各项经费可由财政列支。

第二节 新型农村社区保障的类型及特点

中国农村社会建立在传统小农经济基础之上，农民以"自我"的个人利益为中心出发考虑社会问题，而在市场体制内，社会个体单元追求的是自身利益的最大化。农村村民委员会作为最基层的自治性组织，是社区保障建设的组织者。社区保障的建设以农民个人的利益需求出发，满足个人社会发展过程中的物质和精神需求。将农村分散的资源和个体组织起来，个人依托于集体，集体行动由个人行为动机决定。农村社区在社区保障建设的内容分为养老保障、医疗保障、生活救助、教育保障、就业保障五个保障项目。

一、农村推进社区养老保障建设举措

中国是当今人口快速增长的发展中国家，人口老龄化的速度超出经济发展的速度。而中国大部分老龄人口分布在农村，在严峻的养老压力下，中国政府相继出台了一系列的农村养老保障措施，农村养老保障制度的制定也经历了曲折的历程。1992年，国家民政部制订了《县级农村社会养老保障基本方案》，当前现行的农村养老保障制度也是以此方案为理论背景。

社区实行的养老保障措施非常意义，一方面为老年人创造了良好的生活环境，让社区内老年人可以安享晚年，不用为自己的生活消费开支烦恼；另一方面，也大大减轻了子女的家庭养老负担。综上所述，社区养老基本实现了全社区覆盖，社区老年人不用为自己的生活而担忧。但是社区内养老存在着一定问题，如医疗互助、志愿服务组织等专业性的人员不齐，老年社区内公寓管理不善，没有相关的物业进行安全、卫生管理工作，等等。

二、农村推进社区医疗保障的措施

《中共中央、国务院关于进一步加强农村卫生工作的决定》中指出"要逐步建立以大病统筹为主的新型农村合作医疗制度"。社区医疗保障建设中应当采取的措施：

第一，村集体交纳医疗保险金。代村社区严格执行政府的新农村合作医疗制度，实现全村医疗保障制度的全覆盖，农村合作医疗金完全由村集体交纳，个人不用承担医疗费用的负担。

第二，实行大病就医医疗补贴。代村对于村内的重病户，实行"弹性补偿"的医疗补贴，缓解了社区内村民大病看医负担。

第三，建设配套的医疗卫生设施。社区内医疗设施相对完善，基本能够满足社区内部的就医需求。

三、农村推进社区救助措施

中共十六届六中全会在《中共中央关于构建社会主义和谐社会若干重大问题的决定》指出：要逐步建立农村最低生活保障制度。而最低社会救济制度的执行标准因地区差别而不同。社区在生活救助中采取的措施：

第一，民主评定社区贫困户。代村社区内贫困户的评定以因病致贫的家庭为主，社区内的评定在居民委员会会议中确定，集体代表决议通过后再通告群体。

第二，社区内贫困户特殊补贴。除地方规定的贫困户享有的补贴之外，农村对社区内部的贫困群体进行资金的补助或者是粮食补助，满足特困家庭的基本生活需求。

第三，社区内就业安置。对社区内部的残疾人安排就业岗位，让有劳动能力的残疾人参与到社区的建设和服务中去，其劳动收入基本能满足自身的和家庭的生活需求。

第四，建设社区内志愿服务队伍。村集体在代村社区内组建志愿服务队，对社区内需要救助的个人提供志愿服务，从事残疾人的生活照顾和老年人的卫生服务工作。

农村推进社区救助保障的建设，让社区内的弱势群体参与到社区建设中来，实现自身的劳动价值，获得可持续性的经济来源，保障个人的生活需求。志愿服务队的建设，调动闲置在家的中年妇女劳动力资源，参与互帮互助，让社区居民体会到社区的温暖，增进社区居民的社区归属感。

四、农村推进社区教育保障建设的措施

第一，贯彻农村义务教育举措。代村村内新建设幼儿园、小学和初中，实现社区内义务教育的全覆盖，满足社区和周边村庄教育适龄儿童的求学需求，对于义务教育阶段的学生实行体制化管理，避免社区内辍学和失学现象的出现。

第二，完善教育配套硬件设施。新建小学和幼儿园，建设完善的基础配套

设施，如图书馆、电子多媒体和体育场设施，使得农村社区教育配套设施与城市教育设施等同。

第三，实行求学奖励机制。对义务教育体制外的求学学子进行资金补贴和补助，对大学入学的学生实行现金奖励机制，现金奖励机制能够提高高中和大学教育就学的升学率，提升社区内居民的人口素质。

五、农村推进社区就业保障举措

第一，组织村内劳动力有序流动。代村村集体以小组为单位，组织社区内闲置劳动力的有效流动外出务工，组织规模比较大的专业务工团队，形成劳动用工的规模效应，对外承接工程建设，保障社区内劳动力劳动用工。

第二，实行社区就近安置工作。代村建设农村集体企业，同时，对外招商引资。村内企业的建设能够吸纳农村社区内更多的劳动力在社区内实行"区内安置"和"就近安置"，减少外出务工的距离，实现离土不离乡的就业发展。代村社区还对农村劳动力进行安全技能培训，以提高操作和生产技能。

第三节 新型农村社区保障存在的问题及解决思路

一、农村社区在社区保障建设中存在的问题

（一）农村社区内资源由村集体集中分配和调控

农村社区保障建设是在村集体的调控下进行的建设，缺少多元化的社会组织和个人自发形成的保障建设。代村居委会在代村有很强的权威性和威慑力，这种组织优势可以在本村实行统一的规范标准，依法代表村民对外招商引资。但是在农村村集体的强有力的干预下，也会产生诸多不当的社区问题。

第一，村内居民产生依赖感和惰性。小农阶层"自我"的意识依然残留，

小富即安的心态也使得居民很容易自我满足。代村在社区保障建设中资源的分配，让当地居民产生了强烈的依赖感和惰性。

第二，农村社区资源和保障资金运用垄断。农村社区保障建设所需要的资本运营必须有强有力的政策、资金和人力资本的支撑。居民们只知道自己的医保和养老保险都是由村集体交纳，自己每个月还有钱拿就足够了，残留的小农阶层意识和自身文化素质的限制使其对于农村社区的民主管理缺乏理性的认识。具体原因可以从两个方面分析。一方面，村内领导班子没有相关的管理经验和管理理念；另一方面，作为村内执行的决议不方便透露。建立隶属于卞庄镇街道办事处之下的纪律委员会就成为一种虚设，没有权力查处村集体财政支出和使用状况，只是表面的社区内治安的维护。

（二）农村社区内资源享有受到身份户籍限制

农村社区保障项目惠及拥有代村农村户籍的居民，为了防范社区内资源被其他个体占用，代村外籍居民不享有代村内社区保障条款。代村社会经济的发展和良好的生活环境吸引了更多的外来人口的居住，本村房地产的开发也吸纳了更多外来人员的入住。而这些人群享受不到代村在养老、医疗、教育、卫生方面的保障，但是从外面嫁到代村的媳妇，则享有与代村村民一样的社区保障。外迁人口数量和规模增多，户籍的限制让很多外来人口享受不到社区发展带来的成果。这种带有明显的户籍差别，让外地人在融入社区过程中带有明显的"身份印记"，显示出明显的地域排斥。社区内不均等的社会资源配置，让外部社区居民感到不公平，也容易引起社区内部矛盾。在调研中，外地迁入居民感叹外来人员只能享受到社区内部的硬件设施，而没有享受到其他保障项目福利。代村社区内明显身份户籍的限制将社区外来人口排斥在社区政治活动之外，外来群体在代村建设中没有发言权。

（三）社区内部专业队伍建设不足，专业型人才匮乏

第一，技术性人才的缺失。

依照代村社区内现有的企业和合作机构统计，社区内基本没有技能型的人才。以农村种植合作社为例，蔬菜种植和温室大棚建设需要相应的农业技术指导员，而当地的蔬菜种植多是聘用社区之外的技术人才，除此之外更多依靠农

民自己的劳动耕作经验。

第二，村集体企业管理不善，社区内管理型人才缺失。

代村社区村内现建设有代村商城、旅游农业观光园、生态酒店、加油站等集体企业。由于社区内缺有效的管理型人才，并将村内集体企业外包给社区外部经营，每年收取定额的承包费，那么村集体企业经营则归个人所有，这也是变相的资金外流。代村现任村主任王主任是省人大代表，其由村民民主选举产生，村委和党委成员也是民主选举产生，但是村集体和党委之外的村办企业应该由专业性的人才进行管理和负责经营。

第三，服务组织和机构不完善，缺少服务型人才。

城市社区内社会组织相对而言比较发达，社会工作机构较多。而农村社区内，养老服务、儿童教育和残疾人服务中缺少专业性的服务人才，依托于农村现有的志愿服务队伍远远不够。在养老、医疗和幼儿保障的机构建设中应该配有专业的社会工作人才和医护人员。而代村社区与外在社会组织的联系和合作只是单方面的，甚至说是被动的。政府性质的慈善组织并未给农村带来相应的慈善补贴和社区服务，社区内缺乏专业性的服务人才。

（四）农村社区保障范围和保障内容的残缺

除了本村现已经形成的社区养老保障、社区医疗保障、社区教育保障和社区就业保障等保障内容外，社区保障的内容还有很多的不足。第一，全村外出务工人员相对较少，本村留守老人、留守儿童没有做具体的数量统计，也没有针对社区内的留守老人和儿童提供相应的组织保障；第二，社区内失业人群没有做统计，农民没有自身的失业保险，保障不到位；第三，代村村内没有为育龄妇女设立生育保险，家庭生育的支出还是主要依靠家庭和个人；第四，社区优抚安置保障缺失，村内退伍和现役军人有多名，作为社区内素质较高的群体，代村应该吸纳这些人在社区保障的建设中发挥作用，可以优先考虑复原退伍军人的就业安置工作。

（五）农村社区保障资金的筹集和运用存在困境

农村税费改革后，废除了许多的收费项目，如取消乡村统筹、提留、农村教育集资等项目，使村委会的财力大幅度减少，缺少资金的支持，村委会的正常工作难以顺利展开。代村经济迅速发展，为改善农民生活建立了各种社区内部的保障机制，但是社区保障资金的筹集和使用中存在很多的问题。

第一，资金管理形式单一。

农村村民委员会作为基层自治组织，扮演着政府和社区居民代理人的双重角色，是维系政府与村民社会关系的中间人。代村社区集体资产、房地产业和服务行业的收益归集体所有，根据生产建设需求，由村委会决议财政的开支，社区没有财政支出预算。集体所得资金纳入社区公共活动基金账户，没有再次转换成更多的经济收益，这里分析的社区保障的资金筹集和分配只是其中的一个方面。

第二，个人产生生活依赖。

在代村社区保障的建设中个人不用缴纳任何保障费用，所有费用开支完全由村集体活动资金承担，社区内特殊群体享有定期的现金和物质补贴。良好的物质保障让社区内部的居民产生强依赖感，对暂时利益的获得让他们很容易满足现状。小农意识中既得利益的获得，让农民对于农村村委会的监督能力缺失。

第三，税收资源被截取。

农村改善社区环境能够吸引外地企业入驻，吸纳了当地的农村劳动力。入驻的外地企业占用了社区内资源，企业税收全部上缴乡镇，而农村社区享有不到或者仅享有一部分企业入驻给自身带来的税收收益，税收的削弱降低了农村可支配性资源的增长。

第四，资金监管体系不健全。

农村社区生产总值达到亿元，村集体年收入也逐年上升。农村社区保障所需资金由村集体支配，社区内居民对于农村公共资金和保障资金的开支没有形成有效的监管体系。应该认识到村集体成员中的个人也是单独的"经济人"，可能会因追求个人利益而滥用权力、以权谋私，甚至造成企业的寻租行为。

二、加强代村社区保障项目规范化建设

（一）做好社区保障资金筹集和运用的监管

农村社区村集体公共资金是社区保障资金的主要来源，社区集体公共基金的来源是多元化的，多元化的筹资渠道容易产生资源的浪费，甚至是贪污腐化，所以应该保证农村社区公共基金的运用公开透明。农民不仅是社区保障的受益者，同时也是社区保障的监管人，农民自身赋予角色管理的理性的需求。代村社区所属苍山县卞庄镇街道办事处，办事处有纪律监督委员会，代村也是监管会的主要成员，"自上而下"的监督管理机构在管理中效率不高，人浮于事。"自下而上"的民主监管体制能够让老百姓关心自己的切身利益，调动社区居民参与政治社会生活的积极性，也是履行自己权利的体现。

农村社区内部可以由全体村民民主选举产生"代村监督管理委员会"，作为独立的村内集体组织，不隶属村支两委。监管会的权利的实行由村民代表、村民委员会、村民党支部、社区内各类团体组织协商共同制定，保障社区保障筹集资金和运用的有效监管。

（二）适时调整社区保障群体的范围

农村社区社会保障的享有者是社区内部拥有当地社区户籍户口的居民，户籍身份的限制使外来居住的居民享受不到社区保障项目。社区保障的建设要适时调整政策，对于社区外居民进行适时保障项目补贴。社区保障享受群体的拓展可以借鉴政府公约，制定居住于社区内部的外籍居民参保的规定。首先，享有社区保障的居民必须是购买代村社区内商品住房的住户。其次，实行"时间弹性制"，按照居住时间的长短来划分社区保障项目的分配，如居住时间满三年以上的外来居民可以提供部分社区保障项目保障；居住时间满十年享有全额社区内保障项目。最后，代村社区可以针对非本社区的外来住户建立社会保障项目，资金的分配可以实行社区和家庭两者按比例分担的体系。

（三）扩展社区保障项目的内容

保障特殊群体家庭生活水准以及运营开支，做好家庭留守老人的照顾和留

守儿童的呵护。在没有子女照顾和父母呵护的状况下，应该建立专业内部服务队伍，配套定额的物品和资金补偿。其次，对于村内因病致贫的贫困户，在县政府提供的农村最低生活保障制度提供的补偿之外，可以对村内低保户给予附加的额外补助和就业工作指导。

（四）对社区少儿接受义务教育进行补贴

社区内幼儿园、小学和初中的学生在国家义务教育体制下享有免费接受教育的机会和完善的教育设施，在此前提下，应该针对少年儿童做好卫生保健和文化娱乐工作：

第一，对正在接受义务教育阶段以下的少年儿童的家长们进行定期的（分季度）家庭教育，为孩子成长创造良好的成长环境，可以由村内组织人员收集资料进行培训，也可以对外聘请专业人才，要依据市场的价格而定，定期发放家庭教育的教材；

第二，对社区内的少年儿童进行定期的卫生健康的体检和疫苗的接种，可从社区内部卫生诊所进行医疗保健工作，费用开支按照市场价折算；

第三，组办社区内部亲子活动，不仅对于儿童成长有帮助，对于家庭关系的维系和社区内部家庭文化的建设也有重要的意义。

（五）为社区劳动者提供技能培训的开支

社区内劳动者技能培训，指村集体（或企业），聘用相关领域的专业人才对本村居民生产和生活的培训。首先，农业技能培训费用开支。农业技能的培训要配合代村"农业现代示范园区"的建设，对温室大棚和高科技育苗的种植方式开发所需的人才进行培训。培训费用应该由村集体、园区内部企业和生产合作社共同出资，按照培训的价格进行比例的折算。其次，专业服务队伍的培训费用开支。组建社区内社会工作和家政服务队，由专业社会工作组织进行培训，对于特殊的群体设立专业家庭服务，由村集体和村民按照培训费用的比例折算。最后，定期组织社区外医疗服务人员对社区居民进行健康体检，医疗队伍组织可以是志愿型的，由村集体提供饮食和住宿。对于非志愿型的医疗队伍，可以按照消费比例由村民和集体进行折算。

对于在本村内部参与劳动的人群，如在专业合作社、酒店和农展馆工作的居民，让用工单位为其缴纳一定的工伤保险，可以由村集体、雇主和劳动者三方集体出资缴纳。对于常年在社区外务工的人员，除了其所在公司（或单位）已经缴纳的人群免去之外，村集体按照村集体和个人双方共建，为其建立工伤保险，这一部分保险由村集体组织管理。

（六）为社区育龄妇女提供生育保险的开支

针对社区内育龄妇女提供生育保险的工作建设，首先，为每年怀孕三个月及以上的妇女建立生育保险，生育保险资金由村集体公共基金出资。其次，在孕期这段时间范围内，可以组织专业的育婴师对社区内居民提供专业的产前辅导。最后，婴儿出生三个月之内提供母亲和幼儿的生命安全保险，以及对于幼儿哺乳费用的补贴。拓展社区保障资金筹集路径有下面几条。

第一，对土地承包商征收公共基础建设费用，将公共基础费用转嫁在土地承包的费用基础上。如此土地承包价格将会上扬，现有的土地承包和温室大棚种植的商户入驻时间早，年入驻的承包商的承包期是十年。因此将来土地承包的价格要转变，以补偿公共基础设施建设的费用支出。

第二，组织村内企业家协会。代村小商品批发的发展和房地产开发，造就了一批富裕的人群。组织建立村内企业家协会，一方面由村内外企业老板和承包商建立商业联系；另一方面由这些社区精英们缴纳入会费，可以提留用作集体公共基金的建设。

第三，组织社区内义务服务队以冲抵保障服务人员的开支。之前介绍过，村内专业性人才缺失为村内财产、服务带来了诸多的不利。代村可以选择"就地取材"，对村民进行农业种植、服务、医疗的专业培训，培训费用可由集体公积金交纳。而专业队伍的建设可以减少对外人才引进的费用，提高社区内部人口素质，为社区发展带来更多的动力。

农村社区内养老、医疗、教育、就业和救助保障五项内容，是社区保障项目的主要架构，这五个方面与老百姓的生活息息相关。这五个方面是横向的平行关系，并非是垂直或者纵向的关系。针对于不同的农村社区还有社区优抚安置、社区服务等项目，农村社区可以重点突出建设某一个方面。

农村社区保障的五项内容是依据其实地条件而建设的。旧村村址的改造要解决村中老年人和青壮年的分房问题，率先建设社区老年人公寓，让村内老年人先入住，配套建设相应的养老福利。代村社区已经建成了完善的养老保障项目，其也被评为"爱老先进村"，这为社区内青壮年劳动力减轻了养老负担和生活压力。代村社区医疗保障的建设也取得了很好的成果，老百姓看病难、看病贵的现象在社区内得到很好的解决。社区就业保障和社区救助保障需要进一步加强建设。

在农村社区保障体系内，社区养老、社区教育和社区医疗是社区范围内拥有社区户籍居民的全覆盖，社区就业和社区救助则是针对不同的适应群体进行设定。社区保障建设的一个重要方面就是要明确保障主体，受保障对象的确定能够节省开支，避免资源的浪费和保障项目的重叠。

农村社区保障是社区组织在严格执行农村社会保障政策和法律体系的基础上，调动社区社会资本、居民积极参与整合优化村级社区资源，构建适合本社区的自我保障、自我服务和自我监督的农村区域型保障体系。农村社区保障是社会保障体系的组成部分，虽然有其自身运行的特殊性，但与政府保障、单位保障、民间组织保障、家庭保障一样产生相同的保障功能，对提高农村社区居民生活质量、克服生活风险发挥着特殊作用。

参考文献

[1] 程勇．农村社区组织建设路径探析［J］．农业经济，2012（4）．

[2] 张锦洪，张仕权．农村新型社区建设及其农民社会保障问题研究［J］．兰州学刊，2011（2）．

[3] 王文才．基于社会资本理论分析农村社区保障体系建构［D］．长沙：中南大学，2013．

[4] 郭艳，陈守民，刘晓丽．城乡建设用地增减挂钩背景下的新型农村社区建设成本与经济效益［J］．安徽农业科学 2014（42）．

附录1 国家新型农村社区建设的典型案例

一、山东省新型农村社区建设经验

(一) 困难群众安置

山东省规定,对自己建房有一定困难的农户实行民建公助,鼓励群众互帮互助;对没有能力进行危房改造的特困群众,由乡镇政府或村集体采取利用空闲房、修缮现有房、提供周转房等办法予以安置。淄博市的困难群众建房享受无息贷款;平原县恩城镇制定了"困难户有多少钱享多少房权"的政策,为特困户免费提供住房,楼房所有权归集体;汶上县杨店乡每个社区都规划建设了"零租房",一室一厅一厨一卫,无偿提供给特困户、孤寡老人和年龄大的双女户使用,集体所有、流动管理,每个社区按10%左右掌握。

(二) 公共服务和基础设施投入

山东省集体经济基础好、行动早的城中村和城边村,大部分由村里自建,例如青岛市城阳区后田社区和北后楼社区。就绝大多数农村社区来说,公共服务和基础设施由政府来投入,简单地说就是"楼上农民负责,楼外政府负责"。

(三) 社区维护运转费用承担

社区服务中心是保证社区正常运转的核心机构,其投入主体是政府,维护和运转也由政府承担。青岛市所有新型农村社区都设置了商业设施,其收益全部用于社区维护和运转。同时,合村并居节省出的土地复垦后,或租赁给种养大户,或发展第二、第三产业,形成的收入中部分用于社区运转。另外,各地政府在合村并居后,将社区运转费用全部或者部分纳入当地财政预算。

(四)土地被占用问题

新型农村社区要合并多个甚至十几个村庄,中心村的土地必然会被占用,但周边村拆迁复垦后增加的耕地远多于被占土地,将来由社区统筹安排,一般不会产生失地农民。如兖州市新兖镇东稻营村并入金村社区,占用金村80亩地,村里已确定将原村址土地复垦后等额还给金村。济宁市开发区通过两套住房的方式(一套自己住一套租赁)保障失地农民的财产性收入,烟台市莱山区还用土地收益为所有失地农民办理了养老保险,汶上县南站镇通过发展第二、第三产业解决了包括失地农民在内的1.6万名劳动力就业。

(五)迁村并点后农民种地问题

齐河县南北社区并点之初,农民以土地入股的方式成立了"晏城银合粮食合作社",每亩每年基本分红900元,入股农民再以"农业工人"的身份到合作社劳动,每人每天30元工资。同时,可以通过强化社会化服务来提高生产效率,如兖州市有良好的农业社会化服务体系,一亩地每年用工只有7天,其他的全由社会化服务组织帮着做了,耕地离家稍远也无多大负担。

(六)节省出的土地经营问题

合村并居节省出大量的土地,这些土地一部分用于发展特色农业,一部分用于第二、第三产业的开发、租赁。单县高韦镇大徐庄村建成社区后,节约出土地860亩,复垦后用于葡萄园建设,每年为集体增加收入40万元,并居农民还可以到葡萄园工作。兖州市新兖镇牛楼村准备将节省出的600亩地当作股份,与企业接洽合作上大项目,做到将来全体村民人人有股份、年年有分红。济宁市开发区人均预留一分地,由村居集体统一建设工业园对外租赁,增加集体积累,保证居民福利。

二、河南新乡市新型农村社区建设

(一)以科学合理规划为引领,推动社区协调发展

按照"政府引导、规划先行、就业为本、量力而行、文化传承、注重风

貌、群众自愿、循序进行"的原则，坚持农村向城镇靠近，城镇向农村延伸，将农民建房纳入城镇体系加以规划引导。对所辖区域内整合的村镇体系进行统一规划，从县城中心城区、产业聚集区、重点乡镇、新型住宅社区一直到村组，城乡统筹体系一次规划到位，全市3571个行政村规划整合为1050个新型农村社区。在县城规划区域内，新社区建设以多层建筑为主；以自然村合并为主建设的新社区，以连体双层楼房为主。户型建设控制面积为180平方米，最大250平方米。社区住房实行统一规划，统一设计，分类建设。坚持因地制宜、示范带动、有序推进，走"群众自建、集体统建、招商建设和社会援建"四条路径，形成了"城中村改造型、旧村完善型、村庄合并型、产业带动型、服务共享型、整体搬迁型"六种建设模式。

（二）以产业集聚区为支撑，持续增加农民收入

坚持集约发展、注重生态、效益优先、突出特色，在全市范围内规划建设了30个产业集聚区，其中28个分布在县城和乡镇。目前，新乡市产业聚集区已经入驻企业1600多家，形成了起重、制冷、纺织、医疗器材等七大产业集群，辐射了全市半数以上的乡镇、1/3的行政村和100多万农村人口，全市117万农村劳动力实现转移就业，从事二、三产业的农村劳动力占总数的50%，在产业聚集区就业的农村劳动力达到42万。

（三）以完善基础设施为前提，不断提升社区功能

新社区基础设施和公共服务设施建设如道路硬化、路灯亮化、环境绿化、住房通电、通水、通气等，以政府投入为主。从2008年开始，新乡市财政每年专门列支1亿元，各县（市、区）根据各自财力分别列支3000万~5000万元。同时，新乡市合理调控整合各部门资源，在上级政策允许的范围内，对交通、农业、卫生、扶贫、文化教育等部门投入的项目资金集中向新型农村社区倾斜，主要用于社区道路、绿化、供排水、文化大院、村民活动广场、卫生室和便民超市等公共基础设施建设。

（四）以集约利用土地为手段，破解建设用地难题

严格按照土地利用总体规划审批土地，尽量使用劣地，严格保护耕地。通过土地整理、复垦、开发等方式补充耕地，实现土地的占补平衡。把旧宅拆除

和复垦整理作为新型农村社区建设的重中之重,确保入住一户、拆除一户、复垦整理一户。充分利用土地周转指标,引导和规范新型农村社区按照规划实施,加强拆旧建新引导,凡是农民到社区建房,要与村委会签订缴回老宅基地使用权协议,承诺在规定的时间内腾出老宅基地,保证建新拆旧同步进行,通过做好土地的整理、复垦、开发来补充耕地,最终实现土地占补平衡和集约、节约土地利用的目的。

(五)以资源整合利用为保障,拓宽资金投入渠道

加大财政投入力度,及时调整财政支出结构,扩大公共财政覆盖农村的范围,确保做到当年财政支农资金增量高于上年,预算内资金用于新农村建设的比重高于上年。每年专门设立新型农村社区建设专项资金,主要用于新型农村社区建设、规划编制、公共基础设施建设、农户贴息贷款等。例如,延津县在社区建设前期,县财政为每个社区补助 15 万元规划费和 50 万元启动资金;在社区建设过程中,始终坚持以农民自建为主,为满足群众建房的不同需要,将新型农村社区规划的建筑分为高中低 3 个档次,符合绝大多数农户的建房实际。对于部分缺少建房资金的农户,积极与金融部门沟通协调,对符合条件的建房户每户提供 3 万~5 万元的财政贴息贷款支持。新乡县为鼓励农民到新村建房,政府提供 7 种图纸供农民选择,每户补贴 10 吨水泥,帮助协调贷款 3 万~5 万元,并贴息 3 年。

(六)以破解城乡二元体制为重点,激活农村发展动力

新乡市在户籍管理、社会保障、公共服务、宅基地管理、农村金融等方面制定出台了 55 个配套文件,基本实现城乡发展规划、户籍、行政便民服务、公交、劳动就业、路网等一体化,统筹城乡发展的政策体制初步建立。同时,创新社区管理体制,组建社区党总支,由乡镇派驻一名副科级领导担任总支书记,原行政村支部书记任委员,具体负责社区管理事宜;组建社区管理委员会,与原村民自治组织并行,原有行政村的土地、集体资产、债权债务暂不改变,条件成熟后,由被整合的村集体和村民共同协商解决。社区新修建基础设施和公共服务设施由社区服务中心统一管理,并逐步探索社区产权制度改革,将集体资产量化到村民,村民凭资产证明取得收益。

三、浙江桐乡市濮院镇新型农村社区建设

（一）实行基础设施补助

明确排屋、标准厂房的建设资金由农户自筹，生活小区的配套设施建设费规定每户约 4 万元，由镇政府统一支付。涉及土地征用、拆迁的，按政策规定补偿。

（二）统一规划和建造标准

一是对生活小区的容积率、房屋间距、层高、外观设计、基础设施、共用房屋配套等做出统一规划。二是明确排屋为二层加跃层，严格规定每户的生活用房占地面积和建筑面积，生活用房每户占地 84 平方米，建筑面积约为 250 平方米。节约的土地以股份制的形式集中统一建造标准厂房。

（三）实行农民自主管理

一是成立安置管理组织。由置换户选举和推荐产生置换户代表，名额 1 人/10 户，成立安置管理小组。二是明确管理职责。安置管理小组全程参与项目的招标、资金筹措和排屋、标准厂房建设的质量监督，并对股份到户的标准厂房实行统一经营，按股分红。

平阴县孝直镇采取三种方法吸引农村居民集居：

一是"聚"，即吸引工业园内、驻地周边及全镇有条件的农民向驻地聚集。按照规划，在驻地建设两处住宅小区，一处以孝直村旧房改造迁入户为主，另一处以外来迁入户为主。制定了鼓励工业园片区内 14 个村的农民向驻地搬迁的各项优惠政策。二是"控"，即对西部山区和工业园内的村庄以控制性建设为主。西部山区以控制性建设为主；工业园起步区内的村庄向驻地集中；工业园起步区以外的村庄禁止建 2 层以上的建筑。三是"合"，即将汇东 21 个村集中整合。从汇东地处平原、农民收入较高又种植经营蔬菜的实际出发，将 21 个村集中整合规划为 3 个中心社区、1 个基层社区。每个中心社区规划为居住经营区、商业服务区、老年人居住区、村服务中心。内设有学校、幼儿园、社区医院、文化广场、街头公园等。居住经营区每户都有临街库房，

二至四楼为居住单元楼，实现居住、贮菜和杂物的分离，既方便了生产，又提高了生活质量。

四、河南新乡市辉县新型农村社区建设

1. 高标准规划，分步实施。坚持把高标准科学编制社区规划作为龙头，本着适度超前，方便农民生产、生活的原则，高标准进行规划编制。在实施中，严格按照规划分步实施建设。

2. 加大财政投入力度，建立多元投入机制。县财政每年列出一定专项资金用于扶持社区建设。对社区基础设施建设投资补助50%，对社区规划每公顷补助1万元；对拆除旧房退交宅基，到社区建房的农户奖励2000元。同时动员开发商与企业及个人等社会力量积极参与，多渠道筹措社区建设资金。

3. 实施资源整合，发挥整体效应。结合新乡市新型农村社区政策规定，研究制定了14条优惠政策，对社区建设资金奖补、物资供应、税收优惠、信贷扶持、土地调剂、涉农项目倾斜、社区农户建房补贴、社保等方面做出了具体规定。

4. 发挥"联包帮建"作用，推进社区建设。新农村建设办公室负责对驻村工作队的业务指导，制定了"联包帮建"工作方案和工作队员管理办法，定期不定期进行检查。

5. 实行绩效考核，以奖代补。将新型农村社区建设列入"联包帮建"单位和乡镇年度工作目标，实行严格的绩效考核，作为年终考核的重要依据。对社区建设，实行以奖代补。对已完成规划、实现"三通"、建房50户以上的社区，奖补资金50万元。

6. 加强领导，强化协调服务。成立由县委、县政府主要领导为组长的新型农村社区建设领导小组，每十天召开一次例会，每半月进行一次督查，对社区进展情况实行台账式管理。同时实行四大班子领导联包社区责任制，帮助解决社区建设中的困难和问题。

五、河南安阳市安阳县曲沟镇新型农村社区建设

1. 明确住房性质，规定入住条件。一是要求入住的农民户籍须在本村，并符合农民建房政策。二是规定必须自住，不允许出租给打工者。三是凡自愿进入小区住宅的农户，不再享受农村村民建房政策，符合条件的农户必须拆除原所在村的旧住房，原宅基地退地还耕，归还所在村集体经济组织耕种。

2. 统一规划开发，农户自愿报名。根据总体规划要求，选择镇规划区内位置较好、周围道路等设施较为完善的闲置地块进行统一规划开发，分期建设，面向广大农户公开报名。

3. 提供配套服务，农户参与建设。一是要求相关部门做好建设审批服务和管理工作。农户建房有关审批手续由国土所统一依法办理。二是设立监理会，监理人员由村民代表、技术人员及村外监理人员组成。从占地规划到户型设计，中间每项环节都广泛听取村民建议，充分尊重村民意愿。农户可选出代表对工程质量进行直接监督。

六、浙江嘉兴市嘉善县大云镇

1. 创新激励机制。通过制定"一免一补"的激励政策，引导农户向新社区集聚。一免：即进入新区的每户农户免收2.88万元基础设施配套费（含户均1.1万元的征地拆迁费）；一补：即旧房补助。村集体经济合作社对农户原有住房按评估总价（包括旧房残值）的70%给予补助，平均每户补助9.33万元。

2. 创新集聚方式。该村新社区的集聚方式主要有农户自然搬迁和宅基地整理置换两种。在坚持自愿、整体性、优先原则的前提下，率先以宅基地复垦为主抓手，大胆突破一户一宅形式的局限，率先引入标准公寓房、复式公寓房形式。原有规划以一户一宅为主，配有少量的复式公寓房和标准公寓房，正在修编的规划将以标准公寓房和复式公寓房为主。

3. 创新约束机制。在严格限制安置面积的基础上,对农户的安置房设定置换条件。对选择置换标准公寓房的农户,农户签订永久放弃宅基地安置协议后,由村集体免费提供 85 平方米的标准公寓房,大于 85 平方米,不超过该农户合法户型建设面积部分,以每平方米 1000 元的置换价供应,超过该农户合法户型建设面积部分收取每平方米 1600 元建筑成本费,每户面积最高不超过 200 平方米;参与置换复式公寓房的农户,其家庭的农村合法户型建筑面积必须达到或超过 110 平方米;购买本村农户住宅的外来农户,只能以其购买的本村农户住宅,按 1000 元/平方米的价格置换 85 平方米的标准公寓房一套。

附录 2　北京市人民政府关于开展新型农村社区试点建设的意见

各区、县人民政府，市政府各委、办、局，各市属机构：

新型农村社区是首都现代城镇体系的末端节点。开展新型农村社区建设，对于提升本市社会主义新农村建设水平，加快农村城镇化建设步伐，促进率先形成城乡经济社会发展一体化新格局具有重要意义。现就开展新型农村社区试点建设提出以下意见。

一、指导思想和任务目标

（一）指导思想

深入贯彻落实科学发展观，紧紧围绕率先形成城乡经济社会发展一体化新格局的战略目标，通过开展新型农村社区试点建设，深入落实城市总体规划和城乡一体化规划，转变农村经济发展方式，促进优质资源和要素向农村转移，实现农民充分就业和人口集聚，提高农村地区公共服务水平，努力探索郊区城镇化和新农村建设协同发展的新途径。

（二）任务目标

全市重点做好10个新型农村社区建设试点。通过试点建设，实现试点社区"产业发展、就业充分，环境宜居、住房舒适，设施完善、服务均等，管理民主、文明和谐"的目标。

二、试点建设的内容

（一）科学编制试点规划

由试点社区所在乡镇政府按照乡镇总体规划、土地利用总体规划和新农村建设规划等组织编制新型农村社区试点建设规划。

试点建设规划要遵循农村经济社会发展规律，与中心城、新城、小城镇以及村庄体系规划和限建区等各专项规划相衔接，按照"地域相近、产业相似、习俗相同、便于发展"的原则，明确试点社区选址、功能布局、建设容量和人口规模，统筹考虑社区产业发展定位、基础设施与公共服务设施及相关配套设施建设、生态环境保护等内容。试点建设规划要广泛征求意见，经村民会议或者村民代表会议讨论同意后，报区县政府审批，并报市规划委、市国土局等部门备案。

（二）探索和完善试点用地政策

在坚持最严格的耕地保护制度和集约节约用地的前提下，积极探索和完善新型农村社区试点建设过程中涉及的土地政策。经批准后，新型农村社区试点可享受城乡建设用地增减挂钩的相关政策。其中，涉及农村集体建设用地拆旧和建新的，可按增减挂钩相关政策实行整体审批，不再单独办理农用地转用手续。通过土地整治腾出的农村集体建设用地，首先要复垦为耕地，规划继续作为建设用地的可统筹用于试点社区农民旧房改造、新居建设、基础设施和公共服务配套设施建设以及农村非农产业发展用地。仍有节余的，经批准后少量指标可作为建设用地指标在本区县调剂，并试行有偿使用，其土地增值收益必须及时全部返还农村。以乡镇和村集体经济组织作为主体，使用试点社区内的产业用地发展相关产业的，由市国土局会同市农委等部门研究土地征占用方式问题。

（三）引导农民建设新型住宅

按照"有利生产、方便生活、适度集中、居住安全、群众自愿"的要求，鼓励平原地区或山区乡镇政府所在地的试点社区，采取多村联建的形式，适度集中建设住宅；位于山区其他地区或旅游景区周边的试点社区，一般以一户一宅的庭院式住宅为主，可以建设独院或3层以下（含3层）联排住宅，适当满足农民发展乡村旅游需要。农村房屋建设和改造，要满足抗震防灾要求，符合相关技术标准。鼓励应用新材料、采用新结构、选用新能源，提高住宅质量，力争把试点社区建成安全环保、舒适宜居、优质耐用、设计美观的居住区。

（四）完善基础设施和公共服务设施

试点社区基础设施和公共服务设施应参照城镇标准进行建设。综合考虑人口规模、资源环境、产业定位、辐射半径和空间承载能力等因素，在充分利用原有设施的基础上，完善道路、交通、供水、排水、电力、燃气、热力、园林、环境卫生、通信、邮政等基础设施，鼓励实施天然气、有线电视入户工程，供热方式可根据实际情况选择集中供热或使用清洁能源分户自采暖；统筹建设社区服务站、卫生服务站、科技文化活动中心、体育活动场所和教育、养老、法律服务、警务等公共服务设施；加强太阳能、沼气、生物质能、地热等清洁能源的使用与推广；积极发展商业、服务业，引导连锁超市（便利店）、再生资源回收站点进驻社区，鼓励连锁超市（便利店）拓展缴费、手机充值等服务功能。努力提高试点社区公共服务能力和水平，营造"30分钟社区公共服务圈"。

加强生态环境保护。按照建设"绿色北京"的要求，在规划中注重保护、传承历史文化遗产和乡土特色，在建设中注重保护好自然环境，在发展中注重保护好生态环境和人文环境，使试点社区的规划、建设、发展与环境相协调。

（五）推动试点体制机制创新

推动建设发展模式创新。试点建设要考虑平原和山区的不同特点，认真总结联村共建、村企联建、搬迁重建等建设模式取得的经验，学习借鉴园区带动、滚动发展、自主建设、合作开发等发展方式，循序渐进地推进新型农村社区试点建设。

推动综合改革。试点社区要全面、妥善地推进农村集体土地所有权及集体建设用地使用权确权登记颁证、集体建设用地使用权流转、农村集体产权制度改革和集体林权制度改革，推进多元化征地补偿安置方式，盘活集体闲置资产，实现农民权益股权化，使农民成为拥有集体资产的新市民。

推动社会管理创新。在试点社区设立"一站式"办公服务中心，提供劳动就业、社会保障、社会救助、计划生育、外来人口等服务。积极培育和发展各种民间中介组织、行业协会、专业经济组织协会和社区志愿者组织，逐步建立公共服务、社区志愿者服务和互助服务三大体系，努力做到"小事不出社区，大事有人代理"。

三、组织领导

（一）部门联动，加强统筹协调

建立市级新型农村社区试点建设联席会议制度，由市社会主义新农村建设领导小组综合办公室负责日常工作，研究试点选择条件，提供规划建设类型和发展模式，制定具体工作方案，并研究和会商重点、难点问题，监督、检查和考核试点建设情况，总结、推广试点工作经验；市发展改革委协助做好新型农村社区试点建设相关规划的编制工作，配合制定相关配套政策，指导投资项目管理；市民政局负责指导试点社区进行基层自治组织建设，开展农村社区体制机制改革，健全完善农村社区组织服务体系；市财政局负责指导区县做好各项财政性资金使用的统筹监管工作，按照国家有关规定，研究制定相关费用的减免措施；市国土局负责新型农村社区试点建设用地的管理、审批工作；市规划委负责新型农村社区试点建设规划的统筹指导，制定试点社区的规划导则；市住房城乡建设委负责农村新型住宅建设相关技术指导与服务工作；市商务委负责引导连锁超市（便利店）、再生资源回收站点进驻试点社区，协调连锁超市（便利店）拓展服务功能；市社会办负责指导试点社区开展规范化社区管理工作；市金融局负责协调搭建社区试点金融工作平台，提供必要、便捷的金融服务。

联席会议各成员单位要简化审批程序，参照"绿色通道"审批方式，加快办理项目审批手续。市和区县建立"两级主管部门＋专家"的技术指导小组，在社区规划编制、建筑设计、抗震防灾、环境保护和特色发展等方面给予服务和支持。

（二）明确责任，健全工作机制

区县政府是新型农村社区试点建设的责任主体。相关区县政府要建立职责明确的领导体制和工作推动机制，研究制定具体的规划方案、政策措施和实施办法，负责规划审批、工程招投标等工作。试点社区所在乡镇政府要进一步建立健全管理体制，具体做好试点社区规划、建设和管理等工作。村级基层组织是新型农村社区试点建设的实施主体，相关区县政府、乡镇政府要鼓励村级基层组织开展创新，特别是在资源整合、投融资机制、土地利用、建设模式选择和市场运作等方面积极探索切合本地实际、切实保障农民利益的发展方式。

（三）加大投入，拓宽资金渠道

相关区县政府在足额保证安排农村基础设施和公共服务设施、"农村亮起来、农民暖起来、农业资源循环起来"工程、抗震节能住宅、山区泥石流易发区及生存条件恶劣地区农户搬迁、生态清洁小流域治理、棚户区改造等财政资金的基础上，资金具体使用可按照国家及本市有关规定适当向新型农村试点社区倾斜，集中财力办大事。统筹用好市级划转的各项可支配财力，统筹安排农村基础设施维护和管理、按计划偿还银行贷款和新型农村社区试点建设等工作。充分运用财政资金的杠杆作用，引导金融资金和社会资金参与新型农村社区试点建设，鼓励金融机构在金融产品、担保方式、投融资模式等方面进行创新，满足试点建设项目贷款需求。

制定相关费用减免和土地出让金返还政策，对于试点建设涉及的防空地下室易地建设费、城市基础设施建设费、房屋所有权登记费、房屋所有权属证书工本费等费用，按照相关规定和程序予以减免。采取以奖代补、创新奖励政策，鼓励农村集体经济组织、农民个人以自有资金进行新型农村社区试点建设，鼓励社会资本和乡镇、村级集体经济组织联合建设新型农村社区和发展新型产业。

（四）保障权益，做好群众工作

广大农民群众是新型农村社区建设的主体，必须尊重农民意愿，维护农民的主体地位，保障农民基本权益，特别是土地权益、居住权益和资产权益不能受到侵害。在新型农村社区试点建设中，要充分保障和体现农民的知情权、参与权、决策权和监督权，让农民全过程参与新型农村社区规划的酝酿、讨论、审核和实施，全方位参与新型农村社区的经济、文化、政治和基础设施建设。各级政府要建立和完善纠纷矛盾排查调处机制，畅通社情民意的表达渠道，及时解决群众反映的问题和合理要求，积极化解新型农村社区试点建设中产生的纠纷和矛盾。

（五）加强宣传，营造良好环境

坚持正确的舆论导向，通过开展形式多样、生动活泼的宣传活动，充分发挥村民委员会等基层组织作用，把试点政策和措施宣传到每家每户，营造全社会关心、支持新型农村社区试点建设的良好氛围。

二〇一一年五月五日

附录3　传统村落保护发展规划编制基本要求（试行）

为切实加强传统村落保护，促进城乡协调发展，根据《中华人民共和国城乡规划法》《中华人民共和国文物保护法》《中华人民共和国非物质文化遗产法》《村庄和集镇规划建设管理条例》《历史文化名城名镇名村保护条例》等有关规定，制定传统村落保护发展规划编制基本要求（试行），适用于各级传统村落保护发展规划的编制。

一、规划任务

传统村落保护发展规划必须完成以下任务：调查村落传统资源，建立传统村落档案，确定保护对象，划定保护范围并制订保护管理规定，提出传统资源保护以及村落人居环境改善的措施。

二、总体要求

编制保护发展规划，要坚持保护为主、兼顾发展，尊重传统、活态传承，符合实际、农民主体的原则，注重多专业结合的科学决策，广泛征求政府、专家和村民的意见，提高规划的实用性和质量。有条件的村落，要在满足本要求的基础上，根据村落实际需求结合经济发展条件，进一步拓展深化规划的内容和深度。

三、传统资源调查与档案建立

保护发展规划应对传统村落有保护价值的物质形态和非物质形态资源进行系统而详尽的调查，并建立传统村落档案。调查范围包括村落及其周边与村落有较为紧密的视觉、文化关联的区域。调查内容、调查要求以及档案制作参照《住房城乡建设部 文化部 财政部关于做好 2013 年中国传统村落保护发展工作的通知》（建村〔2013〕102 号）进行。

四、传统村落的特征分析与价值评价

对村落选址与自然景观环境特征、村落传统格局和整体风貌特征、传统建筑特征、历史环境要素特征、非物质文化遗产特征进行分析。通过与较大区域范围（地理区域、文化区域、民族区域）以及邻近区域内其他村落的比较，综合分析传统村落的特点，评估其历史、艺术、科学、社会等价值。对各种不利于传统资源保护的因素进行分析，并评估这些因素威胁传统村落的程度。

五、传统村落保护规划的基本要求

（一）明确保护对象

依据传统村落调查与特征分析结果，明确传统资源保护对象，对各类各项传统资源分类分级进行保护。

（二）划定保护区划

传统村落应整体进行保护，将村落及与其有重要视觉、文化关联的区域整体划为保护区加以保护；村域范围内的其他传统资源亦应划定相应的保护区；要针对不同范围的保护要求制订相应的保护管理规定。保护区划的划定方法与保护管理规定可参照《历史文化名城名镇名村保护规划编制要求（试行）》。

（三）明确保护措施

明确村落自然景观环境保护要求，提出景观和生态修复措施，以及整改办法。明确村落传统格局与整体风貌保护要求，保护村落传统形态、公共空间和景观视廊等，并提出整治措施。保护传统建（构）筑物，参考《历史文化名城名镇名村保护规划编制要求（试行）》提出传统建（构）筑物分类及相应的保护措施。保护传承非物质文化遗产，提出对非物质文化遗产的传承人、场所与线路、有关实物与相关原材料的保护要求与措施，以及管理与扶持、研究与宣教等的规定与措施。

（四）提出规划实施建议

提出保障保护规划实施的各项建议。

（五）确定保护项目

明确 5 年内拟实施的保护项目、整治改造项目以及各项目的分年度实施计划和资金估算。提出远期实施的保护项目、整治改造项目以及各项目的分年度实施计划。

六、传统村落发展规划基本要求

（一）发展定位分析及建议

分析传统村落的发展环境、保护与发展条件的优劣势，提出村落发展定位及发展途径的建议。

（二）人居环境规划

改善居住条件，提出传统建筑在提升建筑安全、居住舒适性等方面的引导措施。完善道路交通，在不改变街道空间尺度和风貌的情况下，提出村落的路网规划、交通组织及管理、停车设施规划、公交车站设置、可能的旅游线路组织。提升人居环境，在不改变街道空间尺度和风貌的情况下，提出村落基础设施改善、公共服务提升措施，安排防灾设施。

七、传统村落保护发展规划成果的基本要求

保护发展规划成果包括规划文本、规划图纸和附件、规划说明书、传统村落档案。其中规划文本、规划图纸和附件、规划说明书的具体要求参照《历史文化名城名镇名村保护规划编制要求（试行）》。保护发展规划图纸要求如下：

（一）现状分析图

1. 村落传统资源分布图。标明村落现状总平面，村落内各类有形传统资源的位置、范围，非物质文化遗产活动场所与线路，村落各主要视觉控制点上的整体风貌等。

2. 格局风貌和历史街巷现状图。

3. 反映传统建筑年代、质量、风貌、高度等的现状图。

4. 基础设施、公共安全设施及公共服务设施等现状图。

（二）保护规划图

5. 村落保护区划总图。标绘保护范围及各类保护区和控制界线。

6. 建筑分类保护规划图。标绘保护范围内文物保护单位、历史建筑、传统风貌建筑、其他建筑的分类保护措施。其中其他建筑要根据对历史风貌的影响程度进行细分。

（三）发展规划图

7. 道路交通规划图。提出村落路网、交通组织及管理、停车设施规划、公交车站设置、可能的旅游线路组织等。

8. 人居环境改善措施图。提出传统村落基础设施、公共服务设施、防灾减灾改善和提升的规划措施。

各项图纸比例一般用 1/2000，也可用 1/500 或 1/5000。地形图比例尺不足用时，应配合手绘图解进行标绘。

中华人民共和国住房和城乡建设部

2013 年 9 月 18 日